職業としての外交官

矢田部厚彦

JN227318

文春新書

235

はしがき

「いやしき諺に身にしらみ、家にねずみ、国にぬすみと申す事も侍り」と新井白石が書いている。日本外務省における一連の不正事件は、たしかに外務省という家がねずみの巣になっていたことを示したものである。事態はまさに日本国全体にとっての由々しい問題と言わなければならない。罪ある者は罰せられ、責任のある者は責任をとり、直接責任のない者も、共同責任の所在を重く受け止め、不祥事の根源を断つためのあらゆる措置をとって、外務省という家に再び鼠が住むことがないよう大掃除をしなければならない。しかし問題はそれで済むという話ではない。不祥事と、それに引き続いて外務省に起こった古今未曾有と言うべき異常事態は、日本の外交活動そのものを不全の状態に陥れている。これは国家危急の大問題であって、この状態を一刻も早く正常に戻すことは、当面の最重要政治課題と言わなければならない。それは決して伏魔殿を舞台とするお家騒動と、面白半分に見てよい問題ではない。

かつて「外交とは砂汀にものを描くようなもの」と書いたのは、元駐独大使来栖三郎である。

来栖はその名も『泡沫の三十五年』という回顧録のなかで、「外交官の仕事は、国の利害衝突という大浪が打ち寄せてくれれば、跡かたもなく消えてしまう。はなはだしい時になると後任者のやり方ひとつで、前任者の苦心の結晶も水泡に化してしまう」と書いた。外務省不祥事と、それに引続く異常事態が、陸奥宗光、小村寿太郎をはじめとする日本外交の先達がこれまで営々として築き上げてきた霞ヶ関の法燈をまさに累卵《るいらん》の危うきに置いているのを前にしていみじくも思い出されるのは、「外交とは砂汀にものを描くようなもの」という、この来栖の言葉であった。

そもそも外交官は、一般公衆にとって決して親しみやすい存在ではなく、あまり注目されることも、話題になることもなかった。昨今のように、外務省や外交官が新聞ダネになり話題となるということは、かつてなかったことである。社会における外交官の存在感は決して大きくない。いったい外交と社会との関係は、それ自体極めて奥の深い命題であるが、英国の外交家ハロルド・ニコルソン（Sir Harold Nicolson 1886–1968）は、外交の遂行を政策決定とその実施というふたつの過程に分けて考え、政策決定には有権者が参画しなければならないが、その実現のための交渉は公衆の眼の届かないところで専門家によっておこなわれなければならないとしている。一九六〇年代から七〇年代にかけて駐日大使や国務次官を歴任した米国有数のキャリア外交官、アレクシス・ジョンソンは、「われわれ外交官にとっては、ある問題が公然化する以前にその問題を解決できれば成功であり、新聞の見出しになるようであれば、むしろ失敗である」と言っている。

たしかに、いくら公開外交といっても、メディアが関心を持つ部分は氷山のほんの一角に過ぎず、その下にはその何十倍もの折衝、下交渉の積み重ねが存在する。その過程を《家鴨《あひる》の水かき》に譬《たと》えたのは福田赳夫首相であった。なるほど、家鴨の水かきを水面上に見ることはできない。外交官の仕事の大部分は、公衆の眼の届かないところでおこなわれざるをえないのが現実なのである。外交の役割は縁の下の力持ちであり、静かで目立たないことをもって本来の姿とする。とすれば、一般人の眼から見て、外交官が《無縁な》存在と映るのもある程度やむをえないかもしれない。それと同時に、そのような地味で目立たない外交に対して公衆が無関心であっても、無理もないと言うべきであろう。

こうしてみると、孤独な外交官と無関心な公衆という組み合わせには、意外な妙味があったのかもしれないのである。もちろん、この微妙なバランスの成立には重要な前提があった。それは両者の間に存在する暗黙の相互信頼という関係である。つまり、公衆から見れば、職業外交官にまかせておけば、最終的にはそれなりにうまくやるだろうという安心感であり、外交官の側からみれば、最初は不評でも、結局は世論にも理解してもらえるはずだという自信である。

最近の外務省不祥事が破壊したのは、まさにこの外交官と公衆との間に存在しなければならない暗黙の相互信頼であった。その結果、両者の間の緊張はもはや放置できない程度にまで高まってしまった。それではろくな外交はできない。しかし国が外交によって国際社会で生きていかなければならない以上、外交に対する国民の最小限の理解と黙示の信頼を回復し、国の外交活動を正常化することは何よりも急務である。

そのためには、外交自体をできるかぎり開かれた、公衆にとって親しみやすいものとすることが重要であると同時に、一般公衆の側も、外交活動への関心と理解、さらに言えば、外交官という職業の実体への理解を深めるという双方向での歩みよりが必要である。そのような観点から、外交官の実像を紹介してイメージの歪みを糺《ただ》し、職業としての外交官に対する基本的な理解を広げようとすることが本書の目的である。この目的の実現は決してたやすい仕事ではないであろう。特に外務省のあり方に批判が集まっている現在、強弁、自己弁護と誤解されては心外である。したがって、本書を認《したた》めるに当たっては、できるかぎり客観的な傍証に頼り、筆者の主観的叙述は最小限にとどめる努力をした。それによって一方的な解釈や見方と受け取られないように心がけたつもりである。しかし、それでも、主観的な主張とみなされるところがあるとすれば、それは誰を代弁するものでもなく、あくまでも筆者自身の見方であって、それ以外の何ものでもないことをお断りしておきたい。

職業としての外交官　目次

第一章　外交官の系譜

歴史とともに古い職業というと、泥棒とか売春婦とか、あまり連想は芳しくないようであるが、外交官という職業も、その起源はずいぶん古くまでさかのぼることができる。ハロルド・ニコルソンは、主著『外交』の冒頭で、次のように書いている。

「人間のある集団とある他の集団との間の秩序ある関係行為という意味での外交は、歴史よりははるかに古いものである。一六世紀の理論家たちは、天と地の間の"angeloi"すなわち使者として仕えたという意味で、最初の外交官は天使であると論じている」

では、《アダムが耕し、イヴが紡いでいた》頃、外交官は何をしていたのだろうか？

メソポタミアとエジプトという、チグリス・ユーフラテスの流域とナイルの川岸に生まれたふたつの古代文明は、成立後しばらくは、それぞれに独自の道を辿ったかのように見える。しかし、紀元前一七世紀頃になると、小アジアに成立したヒッタイト古王国とエジプトのファラオたちとの間に、オリエントの支配権をめぐって激しい対立が生じたことが知られている。

この点について、第一八王朝時代にエジプトの王都が置かれていたアマルナで、一八八七年、重要な発見があった。王都跡で発掘された一連の楔《くさび》型文字粘土板がそれである。考古学者たちが「アマルナ文書」と呼ぶこの粘土板には、アメンホテップ三世の末年からトゥトァンクァメン王の初年まで約三十年間にわたる外交文書が記録されていたのである。この事実は、今を去る三千四百年前のその頃、オリエントの諸列強とエジプトとの間に、両者の権益を巡って外交交渉がおこなわれていたことを物語っている。

さらに第一九王朝に入ると、有名なラムセス二世は、ヒッタイトの勢力を軍事的に排除してシリアの植民地を確保するため、自ら兵を進め、遂に紀元前一二八五年、戦略的要衝の地、カデッシュでヒッタイト王に壊滅的打撃を与えた。これが歴史上名高い「カデッシュの戦い」であるが、ラムセスとヒッタイト王との間には、その後紀元前一二七〇年頃、和平条約が締結された。たぶん歴史に残る最古の和平条約であるこの条約は、銀のタブレットに刻字され、使者（つまり外交使臣）によってラムセス二世に届けられたのであるが、その内容はカルナック大神殿とラムセス王の葬祭殿ラメセウムの壁面に今も残されており、そこには、エジプト、ヒッタイト両者間で取

エジプトとヒッタイトの間で結ばれた和平条約の碑文。ルクソール、カルナク神殿

り決められた領土不可侵、相互軍事援助、王位継承者への保障、政治的亡命者の返還などの約束が記されている。カデッシュでの軍事的決着から平和条約の締結まで約一五年を要していることからみて、交渉は相当に難航したことが推測されるとともに、その複雑高度な内容から、当然、専門化した外交官集団が存在したこと、そして、和平条約が彼らの労苦の賜物であったろうことが想像できる。

おそらくチグリス・ユーフラテスやナイルの流域だけでなく、黄河流域でも、インダス河のデルタでも、遥か昔からこれと類似の交渉や、その結果としての取り決めが結ばれていたことはほとんど疑いの余地がない。ギリシャ、ローマの都市国家の間でもしきりに相互の折衝がおこなわれていたし、その蔭に、交渉や取り決めの担当者が存在したのも確かだろう。

もちろん、近代的な意味での外交官の活動基盤は国家関係であるから、その出現が近代国家の成立を待たなければならないのは言うまでもない。しかし、いかなる原始的社会においても、およそ共同体と共同体の間には常に調整すべき何らかの利害関係が生ずることは不可避であるから、そのための交渉者・調停者の存在もまた不可欠であったろう。言いかえれば、共同体の安全を実力をもって保障し、利害対立を武力によって解決するために必要な戦士、武人の存在とともに、共同体にとっては、まず外交官の存在が必要だったはずである。とすれば、外交官という職業は人類の歴史とともにとは言わずとも、共同体の歴史とともに古いと言って大過ないであろう。

伝令から交渉者、そして外交官へ

ニコルソンが言ったとおり、神話時代の外交官が伝令であり、使者であったとすれば、当然その能力は何より早く駆けることに求められたであろう。外交官の先祖は天使だという美しい比喩も、古代ギリシャで外交官の守護神とされるヘルメス神の帽子と足には羽根があるということも、ともにこの能力と無関係ではあるまい。そもそもヘルメスはゼウスの使者とされる神である。

ローマの詩人オウィディウスの『変身物語』には、その昔、クレタ王ミノスが大艦隊を率いてアテナイ攻撃に向かったとき、アイギア島に立ち寄り味方につくよう強く求めたので、アテナイと同盟関係にあったアイギアは、いずれにつくべきか苦慮する話が出てくる。そのとき、アテナイから派遣された使者ケプロスは、アイギア王に対し、父祖伝来のアテナイとの相互援助の盟約を盾に、雄弁をふるって同盟遵守をせまり、結局アイギアはクレタ王の脅迫を退けてアテナイとともに戦うことを誓ったのであるが、大国に挟まれた小国の安全保障の難しさと、これを処理する交渉者の役割の重要性は、今日の国際関係と外交官の立場を彷彿とさせるものがある（註一）。

歴史時代に入ると、ギリシャ都市国家では、使節の任務は、単なる伝令ではなく、外国の都市の城壁や人民議会の前で自都市の言い分を弁ずることであった。当然、彼らに期待されるものも、堂々と、かつ、理路整然と演説する弁論の才であり、使節は声の大きい者のなかから選ばれたという。ニコルソンは、トゥキュディデスを引いて、紀元前六世紀以来のギリシャ都市国家では、このような使節の交換が頻繁におこなわれ、外交会議も開かれて、ある程度組織立った外交関係の制度ができていたとしている。しかし、トゥキュディデスに登場する使節は、外交官というより軍使で、捕虜の交換や遺体の引き取り、そのための休戦期間などについて交渉したようである。カエサルの『ガリア戦記』によると、ローヌ河畔に進出したカエサルに対して、ゲルマン人種族が使節を送りガリアの領域と取引しようとするが、策略と見たカエサルは、かまわず敵を敗走させたという記述があるが、これも外交使節というより軍使のようなものだったと思われる（註二）。

いずれにしても、安全に対する保障がなかった頃の使節の使命は危険きわまりないものだったに違いない。また折角交渉に成功して帰国しても、条件が屈辱的だったとして、自国で弾劾を受けたり、投獄されたり、ずいぶんと割に合わないこともあったようである。これは現在に至るまで交渉家の宿命かもしれない。

次の転機は、ニコルソンによれば、ローマ帝国の衰亡とともに来る。優勢な軍事力に頼ることのできなくなった東ローマ帝国は、近隣諸国との勢力均衡や合従連衡を必要としたので、皇帝たちは、在外使節に、伝令や雄弁家としての役割ではなく、諸外国の情勢や勢力関係などを観察報告し、交渉するという任務を与えるようになったのである。たしかに、訓練された観察者、交渉者という意味での外交官の原型をそこに求めることは不可能ではないだろう。

　その後、十字軍の時代を経て、ビザンティン的外交がイタリアに伝来するのは十一、二世紀頃のことであろうか（註三）。この時代、地中海、アドリア海では、ビザンティン帝国、ノルマン、ヴェネチア、アラゴンなどの利害が複雑に錯綜していたので、その間に、活発な外交が展開されたことは容易に想像される。しかし、まだ使節は常駐ではなく、特命を帯びて派遣されていた。ダンテはフィレンツェを追放される以前、教皇ボニファティウス八世のもとに使節として派遣されたし、若かりし頃のペトラルカやボッカチオも、使節に従って外国に派遣されている。外交官が職業として確立していなかった当時、外国に住んだ経験があり学識を持った優秀な若者が使節の補佐として重宝されたのであろう。

外交使節でもあったダンテ

　おそらく彼らの仕事は、主として公文書を取り扱うことであったと想像される。すなわち、文字どおりの書記官である（註四）。古文書を解読し、先例を調べることは外交の重要な一部を成していたのであって、事実、diplomacy（外交）とは、もともとは古文書学の意であった。

　ニコルソンの『外交』には、「《diplomacy》は、元来、折り畳むことを意味するギリシャ語の動詞《diploûn》に由来しており、ローマ時代には、通行券、旅券、運送状などは二重の金属板に捺印され、折り畳まれていたので、これらの金属旅券は、《diplomas》と呼ばれた。ついでこの言葉はしだいに他の公文書も意味するようになったが、これらの古文書を検証し解読する職業を《res diplomatica》と呼んだ」とある。これが古文書の研究ではなく、現在のように国際関係の処理という意味に使われるということは、イギリスでは、一七九六年以前にはなかったとされる（註五）。

現在、総称としての外交官は、英語で diplomat または diplomatist で、外交の diplomacy と語源を同じくすることは言うまでもないが、アーネスト・サトー（Sir Ernest Satow 1843–1929）の『A Guide to Diplomatic Practice』によれば、この語がイギリスで初めて使われたのは一六四五年のこととあり（註六）、一七一六年にパリで出版された『外交談判法』の著者カリエール（François de Callières 1645–1717）も、diplomate とは言わず、終始『交渉者』という語を使った。つまり、外交官が外交官の名で呼ばれるようになるのは、一八世紀だったということになる（註七）。

いずれにしても diplomacy の語源が古文書学と外交との結びつきを示しているのは興味深い点である。

常駐使節の誕生

封建制度のもとでは、外国との間で同盟や条約を締結することは、裁判、法令の制定、あるいは戦争などと同じく、もっぱら王権に属するものであった。つまり封建時代の外交の特色は、外交権が君主だけのものであり、君主が自ら他の君主と直接外交交渉をおこなっていたということである。したがって外交使節とは、そのような君主外交のために任命され、君主の代理として他の君主のもとに派遣される者だったわけである。当然、使節への訓令も、君主から直接あたえられ、帰国した使節は直接君主に報告した。外務大臣に相当する者はいなかったのである。フランスで初めて外務大臣が任命されたのは、アンリ三世が四人の国務大臣（Secrétaire d'État）のうちのひとりであるルヴォル（Louis de Revol）に外交関係の専管を命じた一五八九年とされている（註八）。

特定の任務に応じ、特別の使命を帯びて臨時に派遣される使節ではなく、常駐の使節が任命されるようになったのは、それより前、一五世紀末とされる。ニコルソンは、最初の常設公館は、ミラノ公フランシスコ・スフォルツァが一四五五年ジェノアに設けたものであるとしているが、他方、フランスのシャルル八世に対する外交包囲網を敷く目的で、スペイン王フェルディナントがローマ、ヴェネチア、ロンドン、ブリュッセル、ウイーンの各宮廷に常駐の大使を任命したのが嚆矢《こうし》ともされる。このとき、スペインの常駐大使には、有能な人物が選任され、彼らは、各国の宮廷でよくスペイン外交の尖兵としての所期の役割を果たし、一四九五年、めでたく神聖同盟結成に成功したので、このことが、常駐使節を置くことの意義を各国の君主たちに認識させる結果となったといわれる（註九）。その後、サヴォア公やヴェネチアをはじめとするイタリア諸邦があいついで、ロンドン、パリ、神聖ローマ皇帝カール五世の宮廷などに常駐使節を送るようになった。

もっとも、常駐の使節といっても、当時の宮廷は一カ所に留まっていることはなく、絶えず移動していたので、常駐使節たちも、当然、宮廷と行動をともにすることになる。フランソワ一世（フランス王　在位1515–1547）のもとに派遣されていたあるヴェネチアの大使が「私の在勤は四十カ月におよんだが、その全期間が旅行であった。神の思し召しだから仕方がない」と言ったという記録が残っているそうであるが、ヴァロア王朝のフランス王の宮廷は一カ所に二週間以上居つづけることはなかったといわれる（註一〇）。

フランソワ一世の宿敵、神聖ローマ皇帝カール五世も《遍歴する皇帝》として知られている。ドイツ、ネーデルランド、スペイン、イタリアにまたがる領土を治めるためには、それはまさに「仕方がない」ことであったろうが、ある計算によると、一五一九年から約四十年の治世のうち、カール五世の旅行日数は四分の一に当たる「約五百日を戦場で、約二百日を海上で過ごし、約三千二百回違うベッドで夜を過ごした」ことになるという（註一一）。それに随行した各国使節たちの苦労も、フランス王家に派遣された大使たちと変わらなかったわけである。

さて、こうして常任の使節が君主の代表として外国の宮廷に派遣されるようになったが、はじめのうちは統一的な名称はなく、ニコルソンによれば、legate（教皇を代表する聖職者。転じて使節）、commissar（執行委員）、procurator（代理人）、agent（代理人）、ambassador（大使）などが使われていたとある（註一二）が、このほかに minister（公使）があったはずで、しだいに大使と公使の二つに絞られ、定着していった。外交関係において、大使の交換の方が公使の交換よりレベルが上であり、大使は席次において公使より上席であるということなどは、外交慣例がしだいに整備されるに伴って序々に一般化してゆくのである。それまでは、少なくとも職能に関する限り、両者の間にまったく差はなかったと思われる。

Ambassador の語源は、「奉仕」を意味するケルト語の ambactia からきている由で、したがって Ambassador とは、君主に奉仕する者であろう。また現在、公使のほか、閣僚、新教の牧師などの意味も持つ Minister は、ラテン語の minor から来ており、minor は、文字通り major（より大きいもの）に対比してより小さいものであるから、Minister は、君主に仕える目下の臣下である。

500日を戦場で、200日を海上で過ごしたというカール5世

このように、Ambassador にも、Minister にも、なんら語源的に威信の高さを匂わせる要素はなく、ともに君主に奉仕する者くらいの意味で、両者の間に差異は認められない。おそらく、一八一五年のウイーン会議頃までは、厳密な区別をすることなく、同じ人物を Ambassador と呼んだり、Minister と呼んだりしたのではないだろうか。のちに Ministerを長とする使節団をLegation（公使館）、Ambassadorを長とするものをEmbassy（大使館）と呼ぶようになるが、AmbassadorとEmbassyは語源的にみて必然的関連があるにしても、MinisterとLegationの間には論理的関連はない。想像であるが、これも当初は混同して使われていたのではないだろうか。

上席権をめぐる争い

封建社会で上席権というものが持った意味の大きさは、現代人の理解のおよばないところがあるが、それが階級社会というものであると考えれば納得できるかもしれない。たとえば、教会のミサでどこに座るかは、家柄の格式で決められていたので、教会での上席を巡る争いは、いつも貴族たちの間で絶えなかった。ましてや、君主の名代として外国宮廷に派遣される封建時代の使節にとって、外交官同士の上席権（préséance）は、単なるメンツの問題ではなく、おろそかにしてはならない一大関心事であった。

というのも、その頃、彼らの上席権は、使節を派遣している君主の格によって決まっていたからである。つまり、外交使節同士の間で誰が誰よりも上席に座るか、また、先に行くかは、彼ら自身のプロトコル（外交儀礼）や自尊心の問題ではなく、彼を代理として派遣している君主の順位にかかわると考えられたのである。

ヴォルテールの『ルイ一四世伝』によると、一六六一年のある日、ロンドンの王宮入口にルイ一四世の駐英大使デストラド伯爵の行列が通りかかると、スペイン王の駐英大使の行列との間で、どちらが先に通るかを争って、小競り合いが起こった。このとき、スペイン大使の従者たちは多勢を頼んで、フランス大使の行列を押しとどめ、その馬を刺して血のしたたる抜き身の剣をひっさげ、意気揚々と先に進んだという。スペイン王は《カトリック王（roi catholique）》として、当時、あらゆる王家にまさる上席権を主張していたのである。

一方、《キリスト教徒の王（roi très chrétien）》をもって任ずるフランス王ルイ一四世は、この事件の報告を受けて激怒し、彼にとっては義父であるスペイン王フェリペ四世に対して、フランス王の優先権を認めないならば兵火も辞さない、と最後通牒を送った。これにはフェリペ四世も驚いて、ルイ一四世の脅迫に屈し、フォンテーヌブローに特使を送って、各国の駐仏大使全員が集まる面前で、「以後スペインの在外使臣はフランスの使節と席次を争わない」と誓わざるをえなかったという（註一三）。それ以来スペイン大使は、フランス大使との同席を避けることにしたといわれるが、無敵艦隊を誇ったスペイン、太陽王を戴くフランス両国の力関係の推移を物語る話とも考えられる。

ともあれ、このエピソードが示すように、当時の使節たちが体をはってまで席次を争ったのは、君主の威信を護ることが彼らにとって最大の使命であり、関心事だったからであり、それは彼らが封建君主の個人的な代理者であり、その身分と尊厳を代表する者であったことから、むしろ当然と言ってよいのである。

それにしても、このことは、現代の大使が主権国家を代表する者であり、彼に対して払われる敬意は、彼個人に向けられるのではなく、彼の代表する主権国家に向けられた敬意であるという事実と無縁でないことに注意しなければならない。プロトコルや席次や敬称などに見られる外交官たちのこだわりは、しばしば一般公衆の嘲笑のタネとされ、たしかに古い遺伝的体質の一面があることは否定できないが、他面においては、その任務の本質に由来するものとして、彼らにとってゆるがしえないものでもあるのである。

ちなみに、ヴェルサイユ宮殿には、入口から謁見の間に繋がる『大使の階段（L'escalier des Ambassadeurs）』と呼ばれる長く壮麗な階段があり、この階段はもともと、階段を登る者の眼を威圧するだけでなく、彼が謁見の間にたどりつくまでに息をきらせ、精神的余裕を失わせることも計算に入れて設計されたという説（註一四）もあるくらいで、優先権を争うこの頃の使節たちがわれ先にこの階段を登ったかと思うと、いささか同情を禁じえない。

このように、使節たちが君主の個人的な代表であった時代の外交が別名「宮廷外交」である。宮廷を舞台とし、王、王妃、愛妾、廷臣、女官たちとともに、各国使臣が華やかに繰り広げる外交絵巻が想起されるが、陰謀あり、裏切りあり、暗殺ありの権謀術策には、何のルールもないのが特徴であった。そして、そのような外交舞台のプレーヤーとして選ばれたのも、多くは貴族階級、それも大貴族の出身で、手練手管にたけ口先が巧みで、女好きのする、容姿端麗、頭脳明敏

かつて『大使の階段』があったところ

だが良心は乏しいという連中だったのである。

その間、一六二五年にはグロティウスの『戦争と平和の法』が出版され、さらに一六四八年、三十年戦争終結のためのウェストファリア条約が締結されるといった外交史的事件を経て、宮廷外交も徐々に様相を変えてゆく。そして外交の実権も、王侯自身から、リシュリュー、マザラン、コルベールといった実務的政治家の手へと移っていった。

なお、『Bella gerant alii. Tu, felix Austria, nube（他の人々をして戦わしめよ。汝、幸せなるオーストリアよ、結婚せよ）』とは、ハプスブルグ家の有名な家訓であるが、封建時代の外交の特徴のひとつに《結婚外交》があった。王家の間の婚約、結婚などは、必然的に政略結婚であったから、そのための交渉、取り決めが外交にとっての大きな課題であったのは当然である。なかでも有名なのは、ルイ一三世とスペイン・ハプスブルグ家の王女アンヌ・ドートリッシュとの結婚で、当時のヨーロッパの政治地図を塗りかえることになった。

その後、回想録で名高いサン・シモンは、一七二一年、駐スペインのフランス大使として派遣されたが、その使命は当時十一歳のルイ一五世とスペイン王女との結婚の交渉であった。王家の間の結婚契約が所期の法律効果を生むためには、その婚姻がとどこおりなく成就した（consommé）ことを確かめなければならなかった。そのため、新夫婦の寝間の外には、間諜たちが耳をそばだて、その結果を遅滞なく報告することは、各国大使たちに負わされた最重要任務だったという。

ウイーン会議の成果

一七八九年のフランス大革命、それに引き続くナポレオン戦争は、ヨーロッパ全体を大混乱に陥れたが、やがてナポレオンの失脚とフランス帝国の崩壊は、一九世紀初頭におけるヨーロッパ諸国間の勢力バランスに構造的変革をもたらすものとなった。これに伴って、外交にも一定のルールの必要性が意識されるようになってゆく。

列国は、フランス帝国崩壊後の新しい勢力均衡を求めて、一八一五年、ウイーン会議で新体制を協議したのであるが、その副産物のひとつとして生まれたのが『外交使節の席次に関する規則』であった。この規則は、歴史上初めて外交慣例の一部に明文を与えるものである。その目的は「外交使節間の席次の主張に関し、従来しばしば生じかつ今後も生ずることがある紛議を防止するため」と、前文に明記されているとおり、外交使節の席次に一定の合理的ルールを設けることであった。

この規則の画期的なことは、まず外交使節を（イ）大使とローマ法王使節、（ロ）公使、（ハ）代理公使の三階級と定義したことである。その上でこの規則は、各階級における席次を着任順とすることを定めた。これが外交史上画期的であった所以は、前節までに述べたところによって明らかと思うが、以後、大使が公使よりも上級の使節であることが明らかとなり、またその席次は、派遣する君主の身分や派遣国の大小などとまったく関係のないことが明確にされたのである。

同時に、大使の交換、大使館の設置が、公使の交換、公使館設置よりも上級の外交関係であるということも明らかになった。これらは、今から考えると当然の手続き事項のように見えるが、外交官の身分を明確化したことは、のちに近代的外交官が誕生する素地をつくり、近代的外交システム構築の基礎となったという意味で高く評価しなければならないであろう。

とは言っても、近代的外交が宮廷外交から一気に脱皮したわけではない。メッテルニッヒやタレーランなど、ニコルソンが《旧派の外交官》と呼ぶ人たちの活躍した時代はまだまだ続いたし、その後の帝国主義時代のナポレオン三世やビスマルクの外交も、宮廷外交の名残りを色濃くとどめるものであった。弱肉強食の国際社会にはジャングルの掟が支配し、万国公法はほとんど名ばかりの存在と言ってよかった。まだ近代的な意味での外交官の採用や養成もなかったこの時代に、外国で活躍できる人材を提供したのはそれなりの資産や教育を持つ貴族、大ブルジョワなどの上流社会に限られていた。外交官はまだ誰にでも手の届く職業ではなかったのである。

天皇陛下の御名代

近代的外交の成立は二〇世紀を待たなければならない。それは主権在民、責任内閣制、多数政党政治など、近代民主国家の基本的要件の確立がその前提だったことを考えれば当然であるが、欧州各国で外務省を中心とした職業外交官の集団としての、いわゆるフォーリン・サーヴィスが形成されたのも一九世紀後半であった。各国で外交官試験などの採用制度が整備されたのは、ようやく二〇世紀に入る前後のことである。フランス外務省がパリのセーヌ河岸に現在の形で設置されたのは一八五六年であったが、外交官採用制度の整備は、さらに遅れて一九世紀末のことであった。それ以後、貴族の称号を持たない優秀な若者たちが外務省に採用されるようになっていく。

日本でも、各国にならって第一回の外交官試験（のちの上級試験）と外務書記生試験（のちに中級試験）が実施されたのは明治二七（一八九四）年のことであった。ということは、日本が明治維新後、国際社会に仲間入りするのはたしかに遅かったにしても、近代的外交官制度の整備という面では、さほど列強に時間的遅れをとっていないことを意味している。つまり百年を超える日本の職業外交官の歴史は、各国に比肩するものといって大過ないのである。

青木周蔵、陸奥宗光、小村寿太郎、本野一郎、林董《ただす》といった明治日本の外交官は、外交官試験以前の世代に属するが、その後継者である幣原喜重郎、本多熊太郎、芳沢謙吉、吉田茂などが日露戦争以前の初期の外交官試験出身職業外交官ということになる。大使、公使、参事官、書記官、官補など、外交官の階級が国際的に現在の形にかたまっていったのもこの頃であった。

ちなみに、旧憲法時代の日本では、大使、公使を俗に《天皇陛下の御名代》と言っていた。当時の外交官はそういう意識を持っていたと思われる。大使が君主の代理人であった時代の名残りである。今でもイギリスに駐在する諸外国の大使は、Court of St. James（イギリス王家）に派遣（accredit）された使節ということになっている。諸外国に派遣される英国大使は、今でも正式には『女王陛下の大使（Her British Majesty's Ambassador）』である。しかし、そのような意識が現代の英国大使たちにどの程度顕在しているものかは知らない。

第二次大戦後、外交官の地位を明確にする上で重要な役割を果したのは、何といっても一九六一年の『外交関係に関するウィーン条約』である。一八一五年の『外交使節の席次に関する規則』以来、実に一四六年目のことであった。

この条約は、従来慣習法にまかされていた外交慣例の法典化を目指したものであるが、もっとも注目されるのは、初めて《外交官》に定義を与えたことである。すなわち、条約第一条（e）項で、「外交官とは使節団の長または使節団の外交職員をいう」と定義し、（d）項には、「外務職員とは外交官の身分を有するものをいう」とあって、事務職員、技術職員、役務職員などとの区別を明確化した。このほかウィーン条約は、外交使節団の任務、その派遣と接受、特権免除、通信、旅行の自由などを規定しており、これによって外交活動にかかわる規範はほぼ体系化されたと言ってよい。

内容的には、従来から国際慣習法として一般に受け入れられてきた事項がほとんどであるから、この条約の発効によって実際に大きく変わったということはない。しかし、たとえば外交官、外交使節団の特権免除について詳細に規定されたことは、この点についての紛争防止に役立っており、国際関係の安定に寄与するところ決して少なくないと言える。

ところで、この条約によって、《外交官》は定義されたが、《使節団》や、《使節団の長》については何の定義も下されていない。つまり、依然慣習法に任されているのが実態である。しかし、現実に即して言えば、《使節団の長》とは、大使または公使以外にはなく、したがって《使節団》とは、具体的には大使館または公使館のいずれかということになる。一八一五年の段階で存在が認められていた弁理公使、代理公使は完全に化石となり消滅して久しいから無視してよい。

大変紛らわしいが、これと混同してはならないのは、《Chargé d'affaires ad intérim（臨時代理大使または臨時代理公使）》である。これは、使節団の長（現在は、館長と通称している）たる大使または公使が任地に不在の場合、または病気その他の理由でその任にない場合、その任を臨時（ad intérim）に代理する外交職員のことであって、あらかじめ届け出された者が指定される。彼も、その任にいる間は、館長とみなされるから、たとえば南太平洋でのフランスの核実験に不快感を表明するため、オーストラリア政府がその駐フランス大使を本国に召還すると、在パリのオーストラリア大使館は、大使が帰任してくるまで、臨時代理大使がその長となる。したがって、フランスが核実験を続ければ、そのときオーストラリア政府の名において抗議に行くのは臨時代理大使の役目となるのである。

使節団に関して二〇世紀後半に起こった大きな変化は、公使館の消滅である。第一次世界大戦までは、大使の交換は大国同士の間に限られていたが、ヴェルサイユ講和条約（一九一九年）以後、しだいに大使が増え、大使のインフレなどとも言われた。それでも第二次世界大戦前の段階では、世界各国で交換される外交使節の多くは公使であり、公使館であった。一九一四年に、フランスが大使を任命していたのは、ロンドン、サンクトペテルブルグ、ベルリン、ワシントン、ローマ、ローマ法王庁、マドリッド、コンスタンティノープル、東京、ベルヌだけであった。

日本の場合でいえば、太平洋戦争勃発の時点で大使を交換していたのは、アメリカ、イギリス、フランス、ドイツ、イタリア、ベルギー、ソ連、中国、ブラジルの九カ国のみであった（このうち、昭和の初めにベルギーが大使館に昇格したのは王室との関係、ブラジルの場合は移民の関係が考慮されたものと思われる）。しかし第二次大戦後、公使館はあいついで大使館に昇格され、公使館は希少価値となり、ついに消滅した。したがって現時点では、ウィーン条約にいう使節団といえば、事実上大使館、その長は大使以外にはないということである。

特命全権大使第一号は岩倉具視

そこでいよいよ大使の話になるが、筆者が初めて駐ヴェトナムの大使に任命されたとき、『特命全権大使を命ず』という辞令を新聞で見た高校時代の友人などから、「あれは何だ？　普通の大使とは違うのか」という質問を受けて、説明するのに苦労した覚えがある。

『特命全権大使』は、英語の Ambassador Extraordinary and Plenipotentiary の翻訳で、法律に定める正式官名であり、大使はいわばその通称である。一八六二年、徳川幕府によって派遣された遣欧使節竹内保徳が特命全権公使（Envoy Extraordinary and Minister Plenipotentiary）に任命されているところからみて、この訳語は、早くもこの頃に作られたものと見られる。その後一八七一年、発足間もない明治新政府の派遣した遣欧米使節団では、岩倉具視は特命全権大使であった。日本の特命全権大使第一号は岩倉公ということになる。

話をもとに戻せば、『特命全権大使を命ず』とは、ウイーン条約にいう『使節団の長』として派遣する『特命全権大使』を国内法にもとづく固有の手続きに従って任命する行為ということができる。

任命手続きは、もちろん国によってそれぞれであるが、日本では、特命全権大使は、法律的には国務大臣、最高裁判事、検事総長などと同様、認証官で、内閣が任命したのち、天皇によって認証されるという任命手続きが定められている。任命された者は、天皇に拝謁し、侍立の国務大臣から内閣辞令の交付を受ける。辞令には、内閣印の上に御名御璽がある。ついで外務大臣から「××国駐箚《ちゅうさつ》を命ず」という別の辞令を貰う。これらは極めて重い任命手続きといってよいだろう。ところが、「特命全権」といっても、「全権を与えられて特別に派遣される」ための手続きが特にあるわけではない。したがって、「特命全権」を国内法的に裏付けるものが別にあるかと言えば、それは何もない。

中央が特命全権大使岩倉具視

このような実体から考えれば、『特命全権大使』という官名があまりにも重々しく響くのは事実であろう（註一五）。今日、大使たちが口をそろえて、「われわれは、もはや特命でもなければ、全権でもない」と嘆息を洩らすのも無理はないわけである。この万国共通の嘆息には、自嘲とも、懐旧の念ともいえるものがこめられている。しかし、いったい歴史上、大使たちが本当に特命全権であった時代があったかといえば、疑問だと思う。本国の訓令に縛られて交渉することは、程度の差こそあれ、常に使節たちの宿命だったからである。むしろ、かつての伝令、弁士、密使、君主の召使といった身分から脱皮した今日の大使たちには、主権国家の代表として、国益を国際社会全体の利益に調和させる過程（すなわち外交）をもっとも効率的、かつ、円滑に取り運ぶという任務が与えられたのであるから、彼らはその自覚を持ち、「特命全権」よりも、その任務に誇りを持たなければならないと考える（註一六）。

ところで読者は、大使に向かって、Excellency（日本語訳は「閣下」）という敬称が用いられるのを見聞きされたことがあるだろう。これは、君主に対する陛下（Majesty）、皇族に対する殿下（Highness または Altesse）などの敬称と同じ系列にあるものであるが、ニコルソンは、『外交』のなかで、「この馬鹿げた肩書」は、英国では大使、総督に向かってだけ使用されるものと書いている（註一七）。しかし、首相、閣僚にも使用するのが普通で、外交文書にはこの《馬鹿馬鹿しい》肩書きを使用しなければならないのが通例のプロトコル（外交儀礼）である。

会話においても外国の大使に向かってはExcellencyを使うのがエチケットと言ってよい。もちろん、Ambassadorでもよい。ヨーロッパでは、元大使でも死ぬまでMr. Ambassadorと呼んでくれる。しかし大使同士の間では、Excellencyとは言わず、Mr. Ambassadorと言うべきである。いずれにしても、日本語の『閣下』は、『大将閣下』を連想させるので敬遠したい。このような外交官社会以外では異様に映る慣習は徐々に消滅することを期待するが、国際オリンピック委員会委員長がこの《馬鹿げた》肩書きを自分で使っているのをみると、逆に拡散のきらいがあるとも言える。なお、この敬称は臨時代理大使には用いない。しかし、大使が夏休みをとっている間、代理大使として臨時に館長となる次席館員たちのことを冗談に、《夏だけの閣下（Excellencies for summer）》と言うらしい（註一八　註一九）。

第二章　外交官の図像学《イコノグラフィー》

およそどんな職業にも、その職業にまつわる固有のイメージが存在する。医者なら医者、銀行家なら銀行家、新聞記者なら新聞記者という場合に、ひとの脳裏に自然に浮かんでくる医者像、銀行家像、新聞記者像があり、そのイメージがかなり一般的、普遍的であるのは、その職業に携わる人々の最大公約数が永年にわたって社会的に集積されているからなのであろう。このように、いったん社会的に確立されてしまった職業人像というものは、容易なことでは変更不可能であるから、考えてみれば恐ろしいことである。

当然、《共同体の歴史とともに古い》外交官についても、定着した一般的なイメージが存在する。ニコルソンは、先に触れたように、最初の外交官は天使であったという一六世紀の理論家の説を紹介したあとで、「これは現代の史家には支持されそうもない見解である」と付け加えることを忘れない。たしかに、残念ながら現在、外交官と天使とが並列してイメージされることは、まずあるまい。

ギリシャ神話の世界では、外交官の守護神とされるのはヘルメスである。ヘルメスは生まれたその日のうちに、揺り籠を抜け出して、兄アポロンの牛小屋から牛五十頭を盗んで売り飛ばし、その後自分の揺り籠に帰って何喰わぬ顔をしていたという札付きの神である。彼は機略には富むが破廉恥で、地上最初の人間の女性パンドラに、追従《ついしょう》と欺瞞の才を与えたのも彼だった。そのヘルメスが旅行者、商人とともに外交官の守護神として選ばれたのは、旅をするとか、駆け引きをするとかいう職業的共通性によるものであるとしても、同じく盗賊がヘルメスを守護神としていることからすると、外交官の特性が《ヘルメス的》背徳性と無縁でないと見られたことは明らかであろう。

同じことは、叙事詩『オデュッセイア』の英雄オデュッセウスが成功した外交官の典型とみなされたことからも窺われる。トロイア戦争での木馬の策略で名高いオデュッセウスは、ヘルメスの子孫ともいわれ、狡知にたけ、機略縦横の英雄であったが、道義心豊かとはとうてい言い難い人物なのである。ロジェ・カイヨワは、古代の古典注釈者の間に、このオデュッセウスと蛸との類縁性を指摘する説があったとして、次のように書いている。

「オデュッセウスと蛸は、どちらも相手を面喰らわせるような、変化に富んだ、数知れない策略をほしいままにするふたつの知恵なのである」

そうなると、オデュッセウスを通じて、蛸と外交官との類縁性を問題にしたくもなろうというものである。カイヨワは、蛸が女の体の上に覆いかぶさった北斎の版画を示して、「行動しているあいだも観察することをやめない」ことを蛸の特徴と指摘している（註一）。「行動しているあいだも常に観察することをやめない」とは、まさに外交官に与えられるべき教訓ではないだろうか。

一七世紀フランスのモラリスト、ラ・ブリュイエールにとって、大使を象徴するのはカメレオンであった。大使が、時、場所、状況、相手の性格などに応じて、その顔色を自由自在に変えるという特性を持つからだとされる。

現代フランスの言語学者ピエール・ギローは、フランス語の diplomate（外交官）から作られた diplotame という換字地口《かんじじくち》があると紹介している（註二）。これは hippopotame（河馬）との発音上の接近が滑稽なのであろうが、とくに外交官と河馬の類似性を示唆しているわけではないだろう。それにしても、カメレオンといい、河馬といい、外交官族に対するからかいを含んでいることだけは疑いがない。大使を意味するフランス語の ambassadeur は、幼い子供にかかると embrassadeur（抱っこちゃん）になる。

中世人の大使像

中世、ルネッサンス時代の人たちは、外交官にどんなイメージを抱いていただろうか？

一四世紀フィレンツェの人、フランコ・サケッティの作品集に二人の大使の話がでている。カセンティノ自由市からアレッツォの司教のもとに派遣された二人の大使の話である。二人は伝達すべき事柄の訓令を授けられて出発したが、幾マイルか歩いた頃、一人が「君、ぼくらに授けられた役目を覚えているか？」と尋ねた。相手も覚えていないというので、二人で頭を抱えて思い出そうとするが思い出せない。二人は宿屋で大酒を飲んで眠ったのち、「神様がなんとかして下さるさ」と旅を続け、司教のもとに着いた。そして用向きを忘れてしまったと言う。聡明な司教は、「心配せずに帰りなさい。カセンティノの人々のためにはなんでもしてあげよう。今後は大使など派遣して物入りをしないよう、そう伝えなさい」と言って帰した。二人は、カセンティノに帰ると、司教の前でかくかくしかじか大演説をぶったと報告したので、みんなから大いにほめられ、出世もした。

そこで話が終わってから、サケッティは次のようにコメントを加える（註三）。

「ああ、この連中ぐらいならまだしも、これよりもっとひどいのがいかに出しゃばっていることか。いろいろな事件がおこっても、われ関せずとかまえていながら、自分では我輩は日夜精励恪勤《かっきん》、休息もとらず常任不断、細心の注意を払って職務に勉励した。だからすべて我輩の功績であるなどと言ったり、書いたりする」

この二人の大使の話で思い出されるのは、一六世紀ドイツの画家、ハンス・ホルバインの作品

ホルバインの『大使たち』

『大使たち』である。ロンドンのナショナル・ギャラリーにあるこの作品は、二人の大使の肖像を描いたものであるが、もちろん、サケッティの作品中の二人とはなんの関係もありはしないに違いない。しかし、ホルバイン描く大使たちの像に知性や品位が感じられないのが気になる。右側の人物は聖職者らしく、左側の剣を持った人物は武人のようであるが、二人の人相から、ついサケッティの二人組を連想してしまうのは、偏見であろうか。

ちなみにこの絵の特徴は、二人の人物の足元に斜めに浮遊する奇怪な円盤である。これは一種のだまし絵の仕掛けで、画面の正面を離れて左側からみると、奇怪な浮遊物が頭蓋骨であることがわかるようになっている。ロジェ・カイヨワはこれをとりあげ、「二人の間の飾り棚にある道具類は、虚栄の徒が収集したがる知識と科学のシンボルであるが、華美と名誉と知恵と学識とが視界から姿を消すまさにその瞬間に、死の紋章が現れるのだ」と解釈を下している（註四）。

すまじきものは宮仕え

詩人ジョアシャン・デュ・ベレーは、ロンサールやジャン・アントワーヌ・ド・バイフなどとともに、文字どおりフランス・ルネッサンスの空にきらめくプレイヤド（七人組）のひとりであった。そのデュ・ベレーは、イタリアの文物にふれたいという願望と立身出世の夢を追って、枢機卿の伯父につき従い、ローマの大使館に赴任する。喜び勇んで赴任したのだろうが、着任してみれば大使館勤めが肌に合わず、「すまじきものは宮仕え」の嘆きをソネットにした。生まれながらの詩人の気質が甦ったデュ・ベレーの眼に映る大使館勤めの姿として興味深いので、平川祐弘氏の著書から、相当する部分を引用させていただきたい（註五）。

「俺は自由を愛する、勤務にたまらなくなる、
俺は宮仕えを愛さぬ、機嫌を取らなければならぬ、
俺は二心を愛さぬ、うわべをつくろわねばならぬ、
俺は率直を愛する、悪知恵しか俺は習わぬ。

俺は財産を尊敬はせぬ、貪欲に俺は仕える、
俺は栄誉を愛さぬ、栄誉を重んぜねばならぬ、
俺は信念を守りたい、信念を破らねばならぬ、
俺は徳を求める、悪徳しか見当たらぬ」

純真な若者にとって、宮仕えはあまりにも偽善と悪徳に満ちていたようだ。

だが、それとは対照的に、大使館勤めを大いに謳歌する詩もないことはない。一七世紀中葉、オランダ連邦駐在のイギリス大使館に勤めたマチュー・ブライヤーの、その題も『書記官』という詩は、ハーグでの楽しい生活を描いている。

「ひと日、六日の勤めを償い、オランダ造りの
四輪馬車に、土曜の夜、
馬手《めて》にはわがホラティウス、弓手《ゆんで》に麗わしのニンフ、
覚書を草することもなく、郵便係を走らせる必要もない、
明日には、これに恋の甘さも邪魔されようが」

「会議記録を書くこともなく、電信官に居残りを命ずる必要もなく」と読みかえれば、現代にもそのまま通じそうな土曜日の夜の描写である。「馬手にホラティウス、弓手に麗わしのニンフ」というのは、いかにも若手外交官の高揚した気分が表われているではないか（註六）。

権力への踏み台

一八世紀末から一九世紀初めにかけての大革命と戦争を経験したヨーロッパでは、王政復古とともに市民社会に新しい流れが生じはじめていた。いわゆるブルジョワ王制のもとで、野心に燃えながら政治行動への道を塞がれ、社会的地位を得るには有力者の保護に頼るほかないことを発

見した知的青年層の欲求不満は、やがてロマンティシズムという時代の潮流を生み、バルザックのラヴァイヤックやスタンダールのジュリアン・ソレルといった《典型》を創造することにもなった。溢れんばかりの才能に恵まれながら、財産も家柄もない彼らは、野心に燃えて田舎を後にし、パリに向かう。そこにあるのは保守的階層社会であるが、若者たちは、社交界の名流夫人の愛人となり、しばしば彼女たちの援助で、有力者の知己を得、そしてずいぶん危ない橋も渡りながら、立身出世の道を歩む。

そうした若者のひとりに、スタンダールのリュシアン・ルーヴェンがいる。この小説は、スタンダールが一八三〇年代、イタリアの港町チヴィタ＝ヴェッキアの領事時代に想を得、書きはじめられたものであるが、リュシアンが父の急死と一家の破産により、某国の二等書記官としてフランスを旅立っていく最終章半ばで終わっている。というわけで、残念ながら外交官としてのリュシアンを知ることはできないが、バルザックやスタンダールの描く《時代の児》にとって、有産階級の職業である外交官は、あくまでも財産、権力、成功への踏み台と考えられていたということは想像できる。

ギュスターヴ・フローベールが『ボヴァリー夫人』の執筆にとりかかったのは、一八五〇年頃である。女主人公エンマは、少女時代をルーアンの寄宿舎で修道女たちといっしょに過ごしたので、ある程度教育も教養もあり、都会の生活も垣間見ていた。そのため、田舎医者のボヴァリーと結婚してからは、凡庸で何の面白味もない夫に耐えられず、華やかな人生と心のときめきに憧れて、満たされない毎日を送っている。そうしたある日、ボヴァリー夫妻は、なにかの拍子で、近在の領主、ダンデルヴィリエ侯爵の館で開かれた夜会に招待された。美しい貴婦人たち、胸に勲章をつけた紳士、花の香り、溢れるシャンパン、音楽、カドリーユなど、舞踏会の華やかさにすっかり心を奪われたエンマは、夜があけ、家に帰ってからも、しばらくは、うっとりと空想の世界に浸りつづける。そこには、舞踏会でワルツを誘ってくれた「子爵」と呼ばれる紳士の面影や、「大海原よりまだ広いパリ」が「朱色の雰囲気に包まれて」きらめいて見えたりしたが、彼女の想像は、「大使たちの」世界にも飛ぶ。想像のなかで彼女が彷徨《さまよ》う「大使たちの社会では、ひとびとは鏡を張りつめたサロンのなか、金総《きんぶさ》つきのビロードをかけた卵形のテーブルのまわり、ピカピカ光った床の上を歩いている。そこには、裳裾《もすそ》をひくドレスの群れ、大きな秘密、微笑に秘めた悩みがある」のであった（註七）。

祖国のために……

デュ・ベレーと同様宮仕えを呪いながら、ニンフとの戯れに憂さを紛らわすのは、オペレッタ『メリー・ウィドー』の主役、ダニロ・ダニロヴィッチ伯爵だ。フランツ・レハールのこのオペレッタが初演されたのは一九〇五年のウイーンだが、基になった戯曲『大使館員』を書いたアンリ・メイラックは一八七〇年に死んでいる。いずれにしても、舞台は一九世紀後半のパリである。

幕が開くと、たぶんバルカンの仮想の一小国ポンテヴェドロの駐パリ公使公邸で、折りから国王誕生日を祝うパーティが開かれている。ダニロが現われないので、どうしたのかと公使が心配しているうちに、酔ったダニロヴィッチ書記官が遅れて姿を見せ、次のように歌う。

「わが祖国よ　お前は昼間は　私に苦労をかけるよ！
夜は外交官に必要なときだが　それもたいてい私用のためだ！
一時には私も事務所に現れるが　すぐにまたどこかへでかける
日がな一日を事務所に座っていられないもの！
ボスに仕事の報告をせにゃならんときは　たいてい自分ではやらないよ
面会時間などは守らない　外交官はおしゃべりは禁物！
書類は山積みになる　何という浪費！
仕事に精を出さぬのに　仕事にはいつもまきこまれるよ！
こんなにいそがしけりゃ　夕方にはゆっくり休んで、
夜になればなったで　気晴らしも必要というもの！
そこで私はマキシムにでかける　そこの女の子とはみんな親しいのだ
………彼女たちは　大事な祖国を忘れさせる！
………ロロ　ドド　ジュジュ　クロクロ　マルゴ　フルフル

大事な祖国を忘れさせてくれるよ！
おい、祖国はどこにいるね？」

ところでその夜、彼を待っていた公使の命令とは、ポンテヴェドロのある大富豪の未亡人がフランス人と結婚して莫大な財産が祖国から流出しそうになっているのを食いとめ、彼女をポンテヴェドロにつなぎとめるために、彼女と結婚を果たすということであった、祖国のために……。誤解や行き違い、どんでん返しといったオペレッタ的紆余曲折を経て、ダニロは見事命令を果たす、祖国のために……（註八）。

明治の外交官

森鷗外は明治一七年（一八八四年）、留学生として初めてドイツの地を踏んだ。「僕は椋鳥として輸出せられて、伯林の真中に放された」というわけであるが、「先から来ている友達が、何でも最初に公使に伺候せねばならないと云うから」とて、早々に帝国公使館に出かけて行く。そこで《S・A閣下》という人物に到着の挨拶をするのであるが、そのときの情景をもとに、鷗外は『大発見』という短編を書いた。佐伯彰一氏は、後年、文中の《S・A閣下》とは、実は当時の駐ドイツ特命全権公使青木周蔵にほかならないとして、その青木を論じた「近代日本の自伝Ⅳ」（註九）のなかで、鷗外の『大発見』を紹介している。ここに該当の部分を引用させていただきたい（引用は現代かなづかいに改めた）。

「帝国日本の公使館というのだから、少くも一本立の家で、塀もあるだろう、門もあるだろうなどと想像していたところが往ってみると大違」「個人の表札が出ている家の二階に間借という貧弱さだったが、いざ入ってみると、応接ぶりは中々勿体ぶっていた。若い外交官なのだろう。モオニングを着た男が出てきて、相手をするが、同国人というのにひどく型通りで、よそよそしい」「椋鳥は見慣れているのではあろうが、なんにしろ舞踏の稽古をした人間とばかり交際していて、国から出たばかりの人間を見ると、お辞儀のしようからして変だから、好い心地はしないに違いない。なんだか穢い物を扱うように扱うのが、こっちにも知れる」

このあたりの情景を、佐伯氏は「微妙な優越感、劣等感のこすれ合いの小ドラマ」と評し、「今日でも生じつづけていそうである」としている。さて、いよいよS・A閣下に対面してみると、S・A閣下は、椋鳥が衛生学の勉強にきたと聞いて、

「なに衛生学だ。馬鹿なことをいい付けたものだ。足の親指と二番目の指の間に縄を挟んでいて、人の前で鼻糞をほじる国民に衛生も何もあるものか。まあ、学問は大概にし

ドイツ留学時代の森鷗外

て、ちっと欧羅巴人がどんな生活をしているか、見て行くが宜しい」

と頭ごなしに一喝した。椋鳥はすごすごと退散する。ところでやがて、椋鳥は、ヨーロッパ生活が長くなるにつれて、「欧羅巴の白皙人種も鼻糞をほじる」ことを発見する。そして、

「前の伯林駐剳大日本帝国特命全権公使子爵S・A・閣下よ。僕は謹んで閣下に報告する。欧羅巴人も鼻糞をほじりますよ」

と、小説『大発見』は、締めくくられる。

『大発見』のいきさつはそこまでであるが、中井義幸氏の『鷗外留学始末』(岩波書店)によると、明治一八年(一八八五年)ライプツィヒにいた鷗外は、ザクセン王国秋季大演習参加のため、何度かベルリンに赴いて、青木公使からザクセン王国外務省に正式要請を出して貰うよう斡旋を願い出る。たぶん何度か公使にも面会したのではないか。その結果、めでたく参加が実現し、大演習のおこなわれたその年九月、ザクセンの野で鷗外を待っていたのは、デーベン城の主、フォン・ビューロー伯爵令嬢イイダ姫との邂逅であった。さらに明くる年一月、ザクセンの王都ドレスデンでの王宮新年舞踏会に招かれた鷗外は、そこでイイダ姫に再会する。そうしてみると、かの名作『文つかひ』の誕生は、ベルリン駐在青木周蔵公使になにがしかを負ったことになるというのも、ひとつの《大発見》ではないだろうか。

永井荷風の短編小説『雲』の主人公は、外交官、小山貞吉である。三二歳の小山は、外交官試験に合格してからワシントンに三年、ロンドンに二年勤務したのち、パリに転任してきたというのだから、いわば陽の当たる場所を歩いている青年外交官だが、憂国の気持などさらさらなく、大使館での生活に疑問をもって悶々としている。といっても、深刻に悩むわけでもなく、「煩悩を避けるにはぶらぶら無意義にやって行くのが一番だ」というわけで、毎日、帝国大使館の門を出てから「物を食って寝るまでの間を、どうしてぶらぶらやって行くべきか」、それればかり考えているような男である。だから、以前ワシントンに着任した翌年に日露戦争がはじまったときも、「勇立ちたいと思うほど、どうしても勇立つことが出来なかった」のであった。

このように外交官小山は、鷗外の描く尊大だが骨太のS・A閣下とはまるで対照的に、明治の外交官にはあるまじき退嬰《たいえい》ぶりと思われるが、「毎日朱摺の十三行罫紙へ、上役の人の作った草稿と外務省公報を後生大事に清書する。暗号電報翻訳の手伝いをするだけだ。上役や先輩の人の口から聞かれる四辺の談話は、日清戦争講和当時の恩賞金や、旅費手当の事ばかりである。古い官報や職員録を引張り出させて、身寄でも友達でもない人の過去った十年昔の叙爵や叙勲の事ばかり議論している」ような鬱積した状況は、小山本人だけでなく、大使館なるもの全体の沈滞した空気を匂わせる。こうして小山は、「高帽燕尾服でブウルヴァルあたりに夜明しをする連中の一人」となるが、そこで出会った女にもすぐに飽きて、「厭だと思ったら、どんなにしても我慢の出来ぬ」自分に、ますます自棄的な気分に落ち込んで行く。こうして「他愛もなく時間は過ぎ」、「十一月の曇った空は重く湿った羅紗のよう」である。題名の『雲』は、そこから来ているようだが、外交官小山の心理状態にもそのままぴったりの描写であろう(註一〇)。

古い外交官の代名詞

荷風が『雲』を書いたのは明治四一年(一九〇八年)とあるが、マルセル・プルーストの『花咲く乙女たちのかげに』が書かれたのも、それとほぼ同時期だったと思われる。もっとも、その冒頭で、少年時代の「私」の家の晩餐に元大使のノルポワ侯爵が招かれてくる挿話は、一八九〇年代末という時代設定であるが。

普仏戦争前はベルリン駐在の全権公使で、その後大使になったノルポワ氏について特筆すべきは、「長い外交官生活のあいだに、消極的、旧体制的、保守的な、いわゆるお役所気質がしみこんでいること」であり、「これは、……あらゆる政府の下にある大使館を代表する精神であった」。しかし、「その高い背をぐっと反り身にしてあゆみながら、車で通ってゆく母が目につくと、帽子をとって挨拶する前に、吸いかけたばかりの葉巻を遠くへ投げすてる」といった「ノルポワ氏の親切な態度や旧式めいた礼儀」、そして、「自分のことについてはできるだけ言葉すくなく語りながら、話相手のよろこびそうな話題をたえず考慮するじつに周到な話しぶり」などには、母は感じ入っているようだった。

一方、父母が希望する「外交官への道」には気乗りせず、作家になりたいと思っている「私」マルセル自身について言えば、「新時代の外交官をひどく好まないノルポワ氏が、父に向かって、人間も作家としてなら大使にも匹敵するだけの尊敬を身に集められるし、それと対等のはたらきをすることができるし、その上に大使でいるよりもずっと多くの自由を保つことができると断言」してくれたお蔭で、両親から作家志望を許されることになったのを恩にきている。晩餐にきたノルポワ氏に父がマルセルを紹介すると、彼は「鋭敏な観察機能を駆使して、自分がいまどんな人間に接しようとしているかを、すぐに読みとろうと」し、退官したのはもうずいぶん前にもかかわらず、その両眼はまるで「退職の通知を受け取っていなかったかのように、有効に観察し始め」、「私を熟視することをやめなかった」。

マルセル・プルースト

食卓では、ノルポワ氏は、父と証券投資の有利な方法について話し合ったが、父が話している間、「ノルポワ氏の顔面筋は、完全な孤立を保っていて、一見きいているようには見えないで、しかも傾聴しているという域に達していた」。母が大きな期待をかけていたパイナップルとトリュフのサラダには、「大使は観察者の鋭いまなざしを突き通してから、外交官らしい控え目をまもりつづけたまま」だったが、母がお代わりをすすめると、母の期待したお世辞のかわりに、「したがいます、奥さん、お言葉はまったく皇帝の勅命にひとしいことをよくぞんじておりますから」と言った。侯爵が帰ったあと、父は「どうもノルポワ爺さんはすこし紋切り型だったね」と言った（註一一）。

この元大使ノルポアは、その後、『ゲルマントの方』、『逃げさる女』、『見出された時』などの各編にも登場し、マルセルの父の学士院入りに蔭で反対工作をしたり、年のせいで物忘れもひどくなっているのに、コンスタンティノープル大使に返り咲くことを考えたりするような、信用できない人間として描かれているが、そのため「ノルポア」という名は、第一次大戦前のフランスでは、尊大で、紋切り型の外交用語を連発する頭の古い外交官の代名詞として通用することになった。この頃の外交官たちの間には、カリカチュアとしての「ノルポア」を嘲りながらも、他方では、「ノルポア」が見せるプロトコル（外交儀礼）へのこだわり、礼儀正しさ、格言や逸話の巧みな引用、優雅な挙止動作など、その特徴を真似しようという風潮すらあったと言われるくらいで、外交官のイメージ形成に重要な役割を果したようである。

『失われた時を求めて』には、もう一人の外交官が登場する。公使のヴォーグーベール侯爵である。彼は、「もっともすぐれた外交官のひとりであった」が、実は、いわゆる《ソドムの世界》の男でもある（註一二）。プルーストはヴォーグーベールをノルポアとも違った、もっと戯画化された、小心で、憐れな性格破綻者として描いている（註一三）。

ハプスブルグ家崩壊前夜

オスカー・ワイルドの戯曲『理想の夫』の初演も同じ頃、一八九五年であった。主人公ロバート・チルターン卿は現職の外務次官である。もっとも、プルーストのノルポワやヴォーグーベールが職業外交官であるのに対して、チルターン卿の方は政治家出身という違いがある。

家柄は良いが貧乏だったロバート・チルターンは、「人々を支配する権力、世界を支配する権力こそ、手に入れる値打ちのある唯一のもの」だが、「その権力を持っているものは、今の世の中では金持ちだけ」だから、「成功しようと思えば財力をもたなければ駄目だ」と考え、ある不正な取引に参加することによって、財産を得、出世のきっかけをつくったという過去を持つ。それから一八年後、議会で重要な演説をすることになっていた前日、ある女から、過去に彼が係わった利益誘導疑惑についての決定的な証拠の手紙を持っていると恐喝される。彼は、この手紙が公開されれば、失脚し、公人としての将来がなくなるばかりか、自分を理想の夫と尊敬している夫人の信用と愛も、一挙に失うことになると狼狽する。しかし結局は、親友の友情、夫人の愛、そして彼らの機転によって危地を脱することができる（註一四）。

二〇世紀初めのオーストリアの作家、ロベルト・ムージルの大作『特性のない男』には、特性のない男であるユルリックの従妹が結婚している相手として、トゥッツィという外交官が登場する。時は、ハプスブルグ帝国崩壊前夜の一九一四年頃。所は、黄昏のウイーンである。

トゥッツィは、「封建的色彩の強い外務省において、権力の中枢に近い地位にいるただひとりの市民階級出身者である。彼は、もっとも重要な部局の責任者で、大臣の右腕と称せられ、ヨーロッパの運命に影響を及ぼしうる人間と見られている」。

トゥッツィは「実利主義者で、決してバランスを失わない合理主義者であった」。「仕立てのよい服同様、平静な物腰、体と髭から発する謹厳な雰囲気、そして、その断固として慎重なバリトンの声などが彼を一種のオーラで包み」、それが彼の若妻の心をときめかせた。彼の「生活習慣は、勤勉な野心家の習慣であった」。彼はよく眠ることが成功の秘訣と心得ていたので、よく眠ることを外交官にとっての重要な資質のひとつとしていた。朝早く起きて、馬に乗ったり、散歩をしたりするが、散歩のほうが多かったのは、「簡素なふりをする」ことが、「重要人物のイメージに完全に一致する」からなのである。とかくするうち、妻のディオティマは、彼女のサロンに足しげく出入りしはじめたプロシャ人の作家に吹き込まれて、ある思いつきに熱中するようになる。それは国民の敬愛を一身に集める老帝フランツ・ヨーゼフを顕彰し、あわせて美しく愛すべきこの世の楽園、オーストリアを称える運動を展開するという思いつきであるが、やがて全欧州は大戦の波に呑まれ、オーストリア帝国は崩壊し、ハプスブルグ家の滅亡は、もはや誰もどうすることもできない成り行きであった(註一五)。

僧院学校の鍛錬

ムージルやシュニッツラーやホフマンシュタールなどとともに、世紀末ウイーンを代表する作家にシュテファン・ツヴァイクがいる。ツヴァイクは特に伝記作家として極めて高い評価を得ているが、一九二九年に発表したジョゼフ・フーシェの評伝は大きな成功を収めた。

ナポレオンにも恐れられた警察大臣ジョゼフ・フーシェ

フーシェは、言うまでもなくフランス大革命において過激派モンターニュの一員として、リヨンでの王党派の大虐殺を指導したりしながら、その後、幾たびもの寝返りを重ねつつ、ナポレオン政府の警察大臣として恐れられ、ナポレオンの没落後は、かつてルイ一六世の処刑に賛成投票していながら、ルイ一八世の復帰のために動くなど、悪名高い変節漢であった。その意味で、タレーランのイメージと重なるものがあるが、彼らは好敵手でもあった。

それにしても、ツヴァイクは、いったい何故このような札付きの人物の評伝を書こうとしたのだろうか？ ツヴァイク自身は、『ジョゼフ・フーシェ』の序文のなかで、この疑問に答え、外交官という種族の生物学に寄与するため、と言っている。しかし、そのためになぜジョゼフ・フーシェが選ばれなければならなかったのかという疑問は残る。なるほどフーシェは、王政復古後、ドレスデン駐在の大使に任命されてはいるが、それは、当時さすがに彼の前歴に対する疑惑がたかまったことを背景とする一種の左遷であって、それだけで彼を外交官と定義することはできない。彼の特質は何と言っても、絶大な権力をふるって、ナポレオンにも恐れられたという警察大臣、秘密警察長官としてのものである。そのような地位にあって、彼がナポレオン時代のフランスの外交の裏に関係したことは、ツヴァイクの著作にあるとおりだろう。しかし、フーシェが外務大臣であったことはなく、彼自身が重要な外交交渉の衝に当たったということもない。つまり、フーシェを「外交官」と呼ぶには無理があると言わざるをえないのである。

そのように考えてくると、ツヴァイクには、この本を書く前に、すでに「外交官」という存在に対して、「この世において危険きわまりない」ものという認識があって、その体現をフーシェのなかに見出し、その人間を「外交官」と定義したと推論せざるをえなくなってくる。もちろん、われわれにとっての問題はあくまでも、ツヴァイクの抱く「外交官」のイメージであるが、それはまさに「外交家と称するあの職業的な賭博者、敏捷な手と空虚な言葉と冷たい神経を持った曲芸師」というものであったのである。そして、ツヴァイクの心に、そのイメージをもっとも見事に体現していると映ったジョゼフ・フーシェの人間性を、彼は次のように要約している（註一六）。

「僧院学校の十年間にジョゼフ・フーシェは、のちに外交家として活躍するにあたって非常に役立った多くのことを学んだ。わけても沈黙の技術、堂に入った韜晦術、心底を見抜き気持を読みとる心理的堪能がそれである。この男が一生涯どんなに激した時でも顔の筋一つ動かさなかったこと、いわば壁のように押し黙った動かぬ彼の顔面に、癇癪玉が破裂し、青筋を立てて激昂するといったふうな、はげしい昂奮が決して見られなかったこと、日常茶飯事に類することも、最も戦慄すべきことも、同じ抑揚のない調子で平然と語り、皇帝の居間にも騒然たる国民議会にも、同じ静かな足どりではいってゆくことができたこと……このような克己の無類のきびしい訓練は、十年にわたる僧院生活の行住坐臥のあいだに身につけられた。世界の檜舞台にあがるまでに、すでに彼の意志はロヨラの戒律によって仕込まれ、彼の演説は数世紀の伝統を持つ僧侶の討論の技術によって鍛錬された。フランス革命の三大外交家、すなわち、タレーランとシェイエスとフーシェとが、いずれも僧院という学校の出身者であること、彼らが議政壇上の人となる前にすでに人間学の大家であったことは、おそらく偶然とは言えない」

放浪詩人の出会った外交官

戦前の南洋やヨーロッパでの放浪生活を扱って名高い作家、詩人の金子光晴には、一九二九年末から約二年間の物質的にも精神的にも惨めなパリ在住時代を描いた『ねむれ巴里』があるが、この作品には、同じく食い詰め画家の出島が大使館員から金を借りる話がある（註一七）。

「君、大使館の大物とあって、まとまった金をゆすりとったという噂があるが、それ、ほんとうかい」と金子が聞くと、出島の返事は次のとおり。

「ゆすり取るなんて、ひどいことを言うな。話に行って、わずかな金を借りたことは事実だが」、「先方から困るだろうと言って貸してくれるのを、ことわらずに拝借しただけのものだ」「それに、僕の会ったのは、駐在武官だけだ。いずれ、大使とも会うつもりでいるがね」。「パリには芳沢謙吉と佐藤尚武と大使が二人いる。彼らはいずれもしたたかな外交官だから、へなはったりをかけても駄目だし、卑屈に出るのはもっといけない。最初から彼らは、僕らをみみずぐらいにしか考えていない」「芳沢の自宅の方へ一度乗り込んだが」、「芳沢の妻君が顔を出して、取りつぐそのコンシェルジュを、狂気のようになって叱って僕を逐出せと言うんだ。犬養毅の娘なのだ」。「芳沢を気の毒だと思った。あの分だと芳沢大使も形なしだ。親の威を借る我儘娘のヒステリーに悩まされながら、どこまで出世するかわからないが……」

現代作家としては、マルグリット・デュラスの『インディア・ソング』を忘れることはできない。舞台は、カルカッタで、中心人物のアンヌ・マリー・ストレッテルは、フランス大使夫人である。しかし、作者自身が『全般的注意書き』のなかで、「『インディア・ソング』を自然地理学、人文地理学、政治地理学に照合することは当を得ない」とわざわざ断っているくらいで、首都でないカルカッタに駐インド大使館があったり、夕方の時間にカルカッタから自動車でガンジス河口に行ったりするという自由奔放さであるから、大使公邸で外交官たちによって繰り広げられるこの作品を通じて、マルグリット・デュラスの抱く外交官像を探ることには無理があるし、作者の意図にも反することになろう。強いて挙げれば、アンヌ・マリーを恋するラホール駐在のフランス副領事と大使との間に交わされる次のような会話のなかに、その片鱗が窺われるかもしれない（註一八）。

「大使『……きみが望むのならカルカッタに置いてあげよう……その気がありますか？』
副領事『ええ』
大使『キャリアというのは不思議なもんでね。望めば望むほど、ろくな道がひらけない。キャリアというのは、自分で作りあげられるものじゃあないんだな。フランス副領事でいる方法は無数にある。もしきみがラホールを忘れるなら、ほかの人たちもそれを忘れてくれるだろう……』
副領事『ぼくはラホールを忘れません』」

糸のない操り人形

最近では、ウィリアム・キンソルヴィングの『外交官の娘』という小説がある。主人公のリリー・マッキャンは、アメリカ外交官である父バートの感化で外交官となり、テロリストに暗殺される父の遺業を継いで、中東のテロリズムと戦い、さまざまな困難を乗り越えて遂に駐エジプト大使になるというエンターテインメントであるが、父バートは、有能かつ「国家に奉仕することを自分の使命と考える」非の打ちどころのない外交官として描かれる。そのようなバートの口からは、外交官のあるべき姿として、次のような言葉が聞かれる（註一九）。

「我々の自己イメージと言えば、おおかた、純粋大理石の柱だろうな。激しい猛火に取り囲まれ、足もとに瓦礫や灰が降り積もる中、すっくと立ち続ける石柱だ。もっとも、現実の場面で言うなら、事態の急変が起こったときにぼんやり突っ立っているようではだめだ。優秀な外交官はフレッド・アステア並みのステップで目まぐるしく動き回る。一貫性をたもつのは我々の国家、すなわち、我々を代表員として派遣している母体機関の役目だ。派遣された現場で何が起ころうとも、我々は国家が支持する立場を支持する。どんな結果が予測されようと、このスタンスだけは不変だ。そこで、華麗なダンスが始まるわけだ」

これに対して、リリーが、大使は王様の操り人形ではないのかと聞く。

「そうだとも。ただし、それは糸のない操り人形であるべきなんだ。王様の不変の意思をちゃんと知っていて、その意思を信頼していられる人形だ。私たち人形が要求できるものは、それがすべてだ。糸を切られて、いよいよダンスの場へと送り出されるとき、安心して信じていられる一貫性だ。送り出されたあとは、すべて我々自身の腕いかんにかかっている。本来的には、そうであるべきなんだが、今は外交局の職員にしても大使にしても、せっかく切ってある糸をわざわざ結び直して、人形師の最もささいな変化まで感じとろうとする連中が多いんだよ。その人形師が王様であれ、大統領であれ、外務大臣や議会であれ」

このようにわが身を顧みず職務に挺身する模範的外交官として描かれる父、バートは、せいぜい臨時代理大使どまりの専門職の外交官のようであるが、リリーのハーヴァード大学での恩師であり、愛人であり、のちに国務次官補に昇進する夫、ワースのほうは、政治的野心をすべてに先行させる、保身にたけたエリート外交官として描かれる。作家の共感がいずれにあるかは一目瞭然であろう。

同じジャンルの作品として、ほかにマイケル・ハートランド『裏切りへの七歩』(註二〇)、ディック・フランシス『帰還』(註二一)が挙げられる。いずれも、英国外交官を主役とする小説であるが、前者は実は諜報部員であるし、後者の場合は、身分は駐日大使館書記官でも、帰国休暇中に素人探偵役を演ずるという筋立てである。しかし、いずれの場合も、主人公たる外交官は、知識、経験とも豊富で、分別も度胸もある人物として描かれている。

他方、現代フランスの歴史小説家クリスチャン・ジャックがラムセス二世の生涯を小説化した『太陽の王　ラムセス』(註二二)には、ラムセスの学友で外交官となり、のちには外務大臣ともなるアーシャという人物が登場する。彼は、「資産家の貴族の息子」で、身振りは「優雅で、手足が細く、細長い顔」に「手入れの行き届いた細い口髭を生やし」、「ときおり人を見下すような目つきをする」が、「いつも丁寧な口調で話し、眼には知性の光を輝かして」いる。つまりそこに描かれているのは、贅沢な生活を好み、美食家で、肉体の鍛錬より教養を選り好みし、貴族的で、繊細な神経の持ち主であって、まさにラムセス王自身とは正反対の特性を持つ人物像である。

しかもアーシャは、考え方としても、ラムセスとは対照的に、貿易をはじめ外国との交流を重視し、征服より常に平和的手段を尊ぶので、武断派の王の方針とは必ずしも一致しない。そのため、はじめからラムセス王に対するアーシャの忠誠心に疑念を抱かせられた読者は、いつか彼は王を裏切るだろうとの推測を頭の隅に置きつつ読みすすむこととなり、そこに作者の巧みな小説技法があるのであろう。それが外交官は有能ではあっても信頼できない人間である、との読者の先入主を前提としているのは間違いない。

日本を一身に背負って

何と言ってももっとも輝かしい大使像は、手塚治虫の手になるものである。そのＳＦマンガ『マグマ大使』のヒーローは、地球の創造者アースが創ったロボットであるが、彼はアースの命令一下地球に飛び、地球を我が物としようとする怪人ゴアと戦って、何度か危機に陥りながら、ついに侵略者を退けて、地球を救う。地球を創ったアースは、マグマ大使に向かって言う。「立

てっ　マグマよ!!　地球と人間たちの運命はおまえにかかっているのじゃ!!」（註二三）

石原慎太郎氏の『弟』には、ある大使夫人像を介し、《外交官族》に対する作家の憎悪があからさまに示されている（註二四）。

「弟がエジプトまできているというので、カイロ在住の、主に日本の企業の社員や家族たちが彼に一目会いたがり、その声が高まって大使館としても無視できなくなってある日大使の使いがやってき、大使館に邦人を集めて一席もうけるのでみんなのためにも是非きてやって欲しいという。それでお役に立つならと、弟以下主な俳優とスタッフが仕事の後着替えて大使館に出かけていった」「集まった邦人たちが並んで迎えに出ているところに弟たちが車から降り立った。一斉に拍手と歓声が上がったら、一番前に立っていた大使夫人がつかつか近づいてきて、『あら、きたわ、きたわ』といいながら弟を指さし、『あなた、これが裕次郎よっ』と亭主を振り返っていったそうな」「途端に弟がゆっくり大使夫人を指でさし返し、『おい、お前さんこの家の女主人らしいが、ここじゃ大層な家に住んじゃいても、日本に帰りゃ長屋にでも住んでるんじゃねえのか。ここでいい思いが出来てるのも、ここにもいる国民の払っている税金のお蔭だろうが。勘違いしちゃいけないよ、いったい手前が何様だと思ってやがるんだ』といい捨てて踝を返し出ていってしまった」「私は実はその話を、大学同窓の当時カイロ在住の商社員から後になって日本で聞かされた。『日頃権柄ずくの鼻持ちならない女で、なに勘違いしてるのか我々民間人なんて人間でないみたいな扱いでね。それを裕ちゃんが、まさに映画のシーンみたいに小気味よくばっさりやってくれて、ホテルに移ってから感激して泣いていた者もいましたよ』ということだった。私には目に見えるような話だ」

一九九七年、ペルーで発生した日本大使公邸占拠事件に際しては、多くの意見、感想、批判などが新聞紙面やテレビ画面を賑わした。そのなかで、作家の吉村昭氏が、日経新聞夕刊の連載「卓上日記」のなかで発表した「外交官」と題する一文がある。それより二九年前、南アフリカ、ケープタウンでのこととある（註二五）。

「ケープタウンの日本領事館に行った。領事館と言ってもビルの一室で、領事のF氏とイギリス人の女性秘書がいるだけだった。F氏は、日本人が非白人としてレストランに入るのを拒否されたりすると、厳重に南ア政府に抗議し、改善させる。その繰り返しで、私にも『あくまでも毅然として振る舞い、少しでも不快なことがあったら、ただちに私に伝えるように』と、鋭い目つきで言った。その気迫に、F氏は、白人同様と認められている日本人の立場を突破口に、愚かしい人種差別政策にくさびを打ち込もうとしているように私には思えた。二十日ほどの滞在であったが、小柄な氏はただ一人遠くはなれた異国の地で戦っているように見えた。日本のすべてを一身に背負っている、といった悲壮感すらあった。帰国して二年ほどたった頃、氏が退官したことを知り、東京郊外の小さな家を訪れた。私は、氏の変わりように驚いた。畳の上に座る姿勢はくずれ、顔にはおだやかな笑みの表情が浮かんでいる。ケープタウンで見た、ふれればはね飛ばされるような強靭さは跡形もなく消えていた。ペルー駐在青木大使の救出直後の記者会見をテレビで観た時、Ｆ氏のことが思い起された。異国では、Ｆ氏のように鋭い目をして日々を過ごしている外交官が、数多くいるのだ、と思った」

第三章　外交官は不実の徒か？

外交官に対しては、昔からさまざまなイメージが持たれ、さまざまな図像が与えられてきたが、前章で筆者の試みた図像の収集がとうてい杜撰《ずさん》の譏《そし》りを免れうるものではないことはたしかである。それは十分に普遍的でも、代表的でもないだろう。

しかし、そもそもイメージとは、カイヨワによれば、「人物や自然の事物がそれとわかる形象を閉じ込めた」もので、本来、主観的なものであってみれば、これにいくらかでも客観性を持たせようというのは、はじめから限界のある話と言わざるをえないかもしれない。したがってここでは、せいぜい相対的な結論をだすことしかできないが、それにしても、前章の通観によって、外交官の知的能力には概して高い評価が与えられてきた反面、道徳性の面では極めて厳しい評価が下されてきたということは、ある程度、最大公約数的結論として言いうると考えられる。

つまり外交官とは、小才が利き、口先が上手《うま》く外国語も操るが、軽薄で信頼に足らない不実の徒、端的に言って、「巧言令色鮮矣仁《こうげんれいしょくすくなしじん》」という人間像が一般的だということである。

外交官は多血質

では、《巧言令色的》外交官は、性格論的にはどのように分析されるだろうか？

フランスの心理学者イグナス・レップは、人間の性格の構成要因を情動性、活動性、反響性の三要素とし、その組み合わせによって、性格を神経型、感傷型、胆汁型、情熱型、多血型、粘液型、無定形型、無感動型の八つに分類している。このうち、多血型とは、非情動的、活動的、反響的要素からなるが、レップによれば、タレーラン、ヴォルテール、マザラン、メッテルニッヒ、マキアヴェリなどは、この多血型に属するという。この多血型の特徴として、レップの述べるところは次のとおりである（註一）。

「多血型は、とくにその優れて実際的な感覚によって識別される。彼は非感動的性格であって、その活動も社会関係もたいていは功利主義的である。だがそのため、彼の野心……彼は野心家である……も身近な範囲にとどまり、めったに大事をなしとげることがない。彼はよき観察者で機知に富み、名誉よりも金銭のために成功を愛する。政治の面では日和見主義者であり、革新党に愛着する。彼の知性は活力に富むというよりは器用に働くほうであり、いかなるばあいも独創性や深さに欠けている。彼は、（中略）秘密主義で打算的であり外交に向いているので、この分野ではたいてい成功する」

たとえば、イギリスの初代駐日公使だったラザフォード・オールコックは、芳賀徹氏によれば、「知力、胆力、行動力、それに筆力まであわせもった、誠実でまことに頼もしい」「多血質の外交官」だったとされるから、レップの分析を裏書することになると言ってよかろう。そのオールコック自身は、着任後の日本の概況を本国外務省に報告した文面中に、次のように書いているそうである（註二）。

「一方にたえず暗殺の脅威があり、他方に火事の危険があり、その上毎週のように地震が公館をゆさぶるというようななかで、江戸駐在の外交官のポストはとうてい神経質な人に薦めていいものとは申せません。もっとも多血質で図太い性格の人だけが、任期が終りになったときほっと喜びをおぼえることができるでしょう。私自身はとても多血質にはなれませんが、だからといって落胆してしまっているわけではありません」

芳賀氏の評価によれば、「オールコック自身はたしかに単純に楽観的・活動的で気が移りやすいという意味での多血質ではなかった」が、「精神的に十分にタフで、冷静で、衝撃にへこたれずに即座に次の行動をとることができるという意味では、みごとに多血質だった」とされる。

古くギリシャ、ローマの学者は人間を気質によって、胆汁質、リンパ質、多血質、神経質に四分類した。かりにレップに従って外交官が多血質に属するとすれば、その特徴は次のとおりとなる。

「多血質の人は、血色のよい赤ら顔をしており（たしかにオールコックには《血色のよい赤ら顔》というイメージがある――筆者注）、朗らかで楽天的である。彼らは活動よりも動きそのものを愛し、生き生きとした感受性と知性を有するが、しかしそれは必ずしも深いわけではない。非常に社交的で愛想がよく、孤独は耐えがたい方であるが、しかしこのことは彼が容易に利己的になることを妨げるものではない。（中略）彼らは愉快に人生をすごし、想像力に富み、すみやかに適応する性格であるから、政治やジャーナリズムなどの分野で成功する」

イギリスの初代駐日公使ラザフォード・オールコック

多血質が外交官に適しているとの説は、スタンダールによっても支持されている。『イタリア絵画史』において、古代およびルネッサンス美術に表現される人物と、それを表現する作者たちの人間像を分析するスタンダールは、人間の気質を多血質、胆汁質、粘液質、憂鬱質、神経質、運動質の六つに分類したが、フランスの枢機卿リシュリューは談判に優れてはいても、粘液質であったから、おそらくろくな大使にはなれなかっただろうとした上で、大使には「愛想の良い多血質の人でなければならない」としているからである（註三）。

またガストン・バシュラールは、一六世紀後半のベルギーの神学者レシウスを引用して次のように言っている（註四）。

「多血質の人間の夢は鳥の飛翔と競争と酒宴と音楽会とそして名前をだすことをはばかるような事物である」

さらにユングの心理学では、人間が内外のできごとに直面したときの反応様式によって、これを外向型と内向型に分類し、外向型をさらに知的外向型と感傷的外向型に分けるが、その場合、外交官が外向型に属することは間違いないであろう。そして、外向型の人間をもっともしばしば脅かす神経症はヒステリーであるという。

永遠の友人も永遠の敵も持たない

ところで、《巧言令色的》外交官像形成に相当の責任を持つ人物のひとりとして、ハロルド・ニコルソンが挙げているのは、一七世紀イギリスの大使、ヘンリー・ウォットン卿（Sir Henry Wotton）である（もっとも、このウォットン卿の挿話が人口に膾炙することとなったのは、ニコルソンが

『外交』のなかで紹介して以来だと考えれば、責めは若干、ニコルソンにもあると言うべきかもしれない)。

その挿話とは、ウォットン卿が旅先の芳名録に、「大使とは、自国の利益のため外国で嘘をつく目的で派遣される誠実な人間である (An ambassador is an honest man who is sent to lie abroad for the good of his country.)」という警句を書き記したというのである(註五)。

ニコルソンによれば、ウォットン卿が冗談まじりに書き残したというこの定義は、その後、特にイギリス大使を念頭に引用されることになり、これを知ったイギリス国王ジェームズ一世は、直ちにウォットン卿を本国に召還したという。しかしこの警句をよく見ると、外交官が国益に奉仕する誠実な人間であることを強調するために、外交技術の不実的性格を逆説的に誇張した、いかにもイギリス人らしいジョークで、ウォットン卿が言いたかったのは、むしろ「誠実な人間」というこの警句の結論だったのではないかと思われてくる。

だが、それはイギリス国王にすら理解されず、「嘘をつく」という部分だけが人々に大きな衝撃を与える結果となった。軽々しく冗談を言うべきではないということであろう。

もともと大陸諸国には、英国人とは親切丁寧と曖昧さとを巧みに織り交ぜて二枚舌を使う人間という英国人観が古くから存在する。ヴィクトリア女王時代に力の均衡政策をもとに大陸外交を進めたパーマーストンは、「英国は永遠の友人も持たないし、永遠の敵も持たない。英国が持つのは永遠の利益だけだ」と言ったのは有名な話であるが、まさにこの発言は、英国外交にはいかなる道義も原則もなく、あるのはただ自国の国益擁護だけだということをはしなくも暴露したものと受け取られた（註六）。

前述のヘンリー・ウォットン卿の警句が、紳士の仮面を被った不実の国（perfide Albion）という英国のイメージを裏書きするものとみなされ、英国外交の偽善的性格を物語るかのように引用されることになったのも、そのような英国観と無縁ではなかったと思われる。

ニコルソン自身は、イギリス外交の特徴について、「イギリス外交の成功は、それが節度、公正な取引、合理性、信用、妥協、及びおよそ不意打ちやきわもの的極端さに対する不信などの健全な商業の原則に基づいている事実によって説明できる」とし、また、国際関係におけるイギリスの地位を評するには、《誠実なブローカー》《最終的調停者》《漁夫の利を占める者》《救いの神》などの表現があり、どれが適当かは個人的見解だとした上で、次のように結論づけている。

「国際問題に対するイギリスのアプローチは、理想主義者のそれから現実主義者のそれへと移るアプローチである。最初の衝動は人道主義的衝動であり、私利とか自己保存の動機が働きはじめるのはのちの段階になってからのことである。このために、国際的危機の当初に宣明される目的と、結局イギリスの政策を決定する目的との間に、ある種の不一致を生みがちになる」

やや苦しい弁明であるが、《不実の国》というイメージは、国民が不誠実だからではないのと同様、外交官の《不実の徒》というイメージも、外交官が偽善者だからではないという説明の助けにはある程度なるかもしれない。

下院外交委員会副委員長だったニコルソンは、欧州に風雲急を告げる一九三八年四月、ブリティッシュ・カウンシルから派遣されてバルカン諸国に講演旅行をおこなった。このときの演題は、いみじくも「英国人は偽善者か？」であった（註七）。ボールドウィン、チェンバレンらの対独宥和政策を激しく批判していたニコルソンは、右に引用したような論旨で、ヒトラーのオーストリア併合直後、不安に戦《おのの》くバルカン諸国に英国の保障の信頼性を説くことが講演旅行の目的だったことは間違いない。

ミュンヘン会談（左からチェンバレン英首相、ダラディエ仏首相、ヒトラー、ムッソリーニ）

　ところがそれからわずか半年後の九月、ミュンヘン会談でチェンバレンはヒトラーに屈服し、英仏はチェコ併合をむざむざと見過ごしてしまった。バルカン諸国はまたしても裏切られたのである。このことは、もちろんニコルソンの罪ではないにしても、歴史の非情というほかはない。ミュンヘンから偽りの平和を持ち帰ったチェンバレンを、熱狂した下院議場が総立ちで迎えたとき、ニコルソンは冷然として議席に座ったままだったといわれる。ちょうどその頃、彼は『外交』を執筆中であった。

ビザンティン的マキアヴェリズム

英国外交のいわゆる《偽善的》性向と《外交官不実の徒》説との因果関係を否定するニコルソンは、その由来をビザンティン帝国に求める。ニコルソンによれば、本来的な外交はローマ帝国の衰退に伴って衰微し、代わって、理性ではなく狡知が、道徳的諸原則ではなく小器用さの支配するビザンティン的外交が、東ローマ帝国に登場したという。

それは、今日《ビザンティン的》という形容詞が過度にディテールにこだわり、形式的で無益な議論、言いかえれば、繁文縟礼《はんぶんじょくれい》を意味するようになったさまざまな事象の一側面に過ぎないのであるが、衰退する無力な帝国がトルコの圧力を前にしてとらなければならなかった外交手法だったのであろう。聖地への途上、コンスタンティノープルを通過する十字軍一行が受けたビザンティン流の煩瑣な儀礼と形式主義、そして背信行為のかずかずはヨーロッパ各地の宮廷で語り草となり、中世を通じて広まらざるをえなかった。

コンスタンティノープルの豪奢さに眼を見張ったフランク人たちも、《誰にもまして高貴なる》からはじまって、《もっとも輝かしい名声赫々たる》、《あまねく秀で高名並ぶ者なき》などといった仰々しい呼びかけ、大袈裟な敬称の氾濫に辟易しながら、一皮剝《は》いだへつらいの裏に、陰険な皮肉や悪意、裏切りの意図を感じないではいられなかった。ドイツ皇帝コンラートの軍はビザンツ人の案内人にアナトリアの砂漠に連れ込まれたあと、案内人は逃亡してしまい、食糧も尽き、来た道を引き返さざるをえなかったし、船団の提供を依頼したフランス王ルイ七世に対しては、ビザンツの宮廷は約束を繰り返すばかりで、一向に実行しようとはしなかった。いずれもビザンティン皇帝のトルコに対する気兼ねからの行動であったといわれる（註八）。

さて一四世紀頃、ビザンティン帝国ともっとも利害関係が深く、接触も多かったのはイタリア半島のなかでもヴェネチアであった。現在、サン・マルコ広場正面を飾る有名な青銅の馬像は、かつて東ローマがアレキサンドリアから略奪したものを、この頃ヴェネチアがビザンツから奪いとったものであるが、ニコルソン説によれば、ビザンツの外交手法もこうしてヴェネチアに伝来したものだという。それは、たちまちフィレンツエに伝わり、ついで瞬く間にイタリア全土に広まった。

とすれば、マキアヴェリの精神的先祖はビザンツの皇帝たちであり、その外交はマキアヴェリズムという名と理論的根拠とを与えられて全ヨーロッパに拡がったということになる。その後、一六、七世紀に独立した職業としてあらたにヨーロッパに登場してくる外交官たちが、贈収賄をこととし、反逆者に資金を援助し、扇動し、嘘をつき、スパイをし、盗みを働くことを当然としたというのは、彼らの持つそのような遺伝子の仕業ということであろうか。当時の大使たちは、人間にとっての道徳と国際関係はまったく別物であると考え、公のための嘘によって外国政府を欺くことは、私人としての嘘ではないと確信していたというのである。

以上がビザンティン的マキアヴェリズムからウォットン卿の警句を経て《巧言令色的》外交官像に至る経緯として、ニコルソンが説くところである。

しかしながら、いわゆる英国式外交とビザンティン的マキアヴェリズムのいずれが《不実の徒》外交官というイメージに対して、より多くの責任を持っているかはしばらく措くとして、ここでは、ニコルソンが旧外交と新外交とを区別し、君主の僕であった旧外交官が、主権者たる国民の代表となった新外交では、外交官は国民からの技術的、法的委任だけでなく、精神的委任を受けていなければならず、ある外交官がそのような委任を受けるかどうかは、その国民や政府にとっても、また交渉相手にとっても信義の問題以外の何ものでもなくなったとしていることに注目したい。

たしかに、近代的外交が主権在民、議会主義、多数党政治という民主主義の基本諸原則確立とともに発足したことは、第一章で見たとおりで、近代的外交を国益と国際社会全体の利益との調和を図るための過程と考えれば、そのための交渉においては、交渉者はその目的に忠実であることに対して、国民と政府から信頼されていなければならないのは明白である。

同時に、交渉相手からも、その事実が信頼されることが前提となる。したがって、権謀術数や二枚舌は、このような信頼を裏切るものであり、交渉を満足すべき結果に導くものとは言えない。要するに、新外交においては、外交官は誠実な交渉者であり、その言葉や約束に十二分の責任を持つ人間であることについて、誰からも信頼されていなければならないのである。

礼文修辞の術

一方ここで、「外交とは独立国家間の公式の関係に知性と技巧とを応用する術である」というアーネスト・サトーの定義（註九）を思い起こしてみる必要がある。

この定義の鍵となるのは、応用される知性と技巧の二点であるが、まず知性または理性の役割についてはほとんど議論の余地がないとして、問題は次の《技巧》である。筆者が一応この訳語をあてた原語は英語の tact であるが、辞書には、巧妙さ、機転、如才なさという訳語も出ている。策略という語感もあるだろう。

アーネスト・サトー（26歳時）

つまりサトーのこの定義は、外交に内在する技術的性格を指摘するものと思われる。

言いかえれば、このように定義されるところの外交を担当する職業外交官は、まさに字義どおり技術者（technician）、テクノクラート（technocrat）であり、したがって策士（tactician）だということである。ここに外政と外交、外政家と外交官の違いがあるということも可能だろう。そして、外交官の職務に内在するこの側面が《不実の徒》という外交官のイメージを生むのに無縁でなかったと見ることもできるのではないか。とすれば、その点はいささか解明しておく必要がある。

駐英国大使として日英同盟締結という功績をあげた林董は、外務大臣榎本武揚を《漢学者流》と評し、「正直律儀なる資質なれば、……たやすく欺かるること多く、一度人を信用すれば、その人の所言は是非の分別もなく之を容る」ので、「官吏としては共にことをとるに困る人なり」と回顧しているそうである。

この事実を紹介する芳賀徹氏は、「林が《漢学者流》といっているのは、儒学の《仁義礼智信》の教え程度で複雑な近代的国際関係に対処しうるとする古いメンタリティ」を指しているのであり、「それとは反対の多智のソフィスティケーションをもって巧みに対韓・対清・対欧の関係をとりしきったのが陸奥宗光であった」と分析する(註一〇)。そこには、ぞろりとした着流しに長剣を手挟んだいかにも青白い才子然とした若年の陸奥の風貌が浮かび上がってくるが、のちに陸奥は、外交技術の必要を説いて、「外交とは、理念と現実の権力の双方を見据え、それを不断に媒介してゆく《礼文修辞の術》である」とした。

まさにこれは、サトーの指摘に通じるものであろう。外交は権謀術策に頼るものであってはならないとしても、さりとて、腹芸の奇麗ごとだけではおさまらないということなのである。

外交官のイエスとノー

《外交辞令》があることから《礼文修辞》から派生して、外交官というとすぐ連想する言葉に、《外交辞令》がある。一般に、外交官が弄する詭弁という意味で使われ、外交官が信用できない人種であるとされるときによく引き合いに出される。たとえば、

「淑女はいつもノーと答える。そのノーはメイビーを意味し、そしてメイビーはイエスを意味する。イエスと答える女は淑女ではない。外交官は必ずイエスと答える。そのイエスはメイビーを意味する。そしてメイビーはノーを意味する。ノーと答える者は外交官ではない」

これはかなり言い古されたジョークであるが、外交官の言質《げんち》が女の純潔と同じように当てにならないというところがおかしいらしい。しかし外交官にとって（淑女にとってと同様）、このジョークでからかわれるのは、まことに面白くないことである。

実は、外交官には、否定の「ノー」をぶっきら棒に、あるいは歯切れよく、そのまま「ノー」とは言わない慣習があるのは事実と言ってよい。彼らが「極めて困難」とか「見通しは暗い」とか言ったら、それは「ノー」を意味していると考えて間違いない。それが世上言うところの《外交辞令》であって、外交官たちの間の職業的コードと言ってもよいだろう。

だから、外交官の「メイビー・ノット」が、実はしばしば端的に「ノー」の意味であることも

事実であるし、直接話法で「ノー」と答えるのが外交官的でないというのも、誇張されてはいるが、ある程度事実と認めてよい。

しかし、このジョークを注意深く見なおすと、その結論は、「イエス」と言うのは淑女ではなく、「ノー」と答えるのは外交官ではないということであった。逆に言えば、淑女の「ノー」はあくまでも「ノー」でなければならず、外交官の「イエス」はあくまでも「イエス」でなければならないという逆説である。ジョークは逆説であってはじめて面白く、外交官たる者、逆説を駆使しなければならない。このジョークの作者自身も外交官だったのではないかと思える。

外交辞令（diplomatic lingoes）と同類の言葉で、diplomatic niceties という英語が《外交的美辞麗句》の意味に使われる場合がある。しかし、本来これは、ビザンティン式の繁文縟礼とは異なり、曰く言い難いことを正確に言い伝える巧みな外交的表現という意味で、必ずしも空疎な美辞麗句という語感でもないようである。

二〇〇一年四月、南シナ海上空で中国戦闘機と接触した米国偵察機が海南島に不時着し、墜落した中国機の操縦士が死亡するという事件があった。事件後、中国側に拘束された米国機乗組員の解放をめぐる米中間の折衝において、中国政府は米国に「謝罪（apology）」を要求したのに対して、米国は「遺憾（regret）」を表明するのにとどめて対立した。

言うまでもなく、「謝罪」が過失ないし違反への責任を含意するのに対して、「遺憾」はそのような含意のない、いわば弔意である。交渉の結果、米国側は《sorry》を提案し、結局、《very sorry》で妥協が成立して、ブッシュ大統領が記者会見で「very sorry」と述べ、米国機乗組員は全員無事解放された。

それだけの経緯を述べると、馬鹿馬鹿しい言葉遊びのように思われるかもしれないが、これは実は、sorryという言葉の曖昧さが米中双方の要件を満たし、外交的解決をもたらした適例と言ってよいと思う。これも、所詮は外交用語の世界の話であり、その効用には、外交辞令と一言で片付けてしまうわけにいかないものがあるのである。いずれにしても、このように外交官が《外交技術》としての《外交辞令》を使用することは許されなければならず、また、それを駆使することが職業上の必要であることも認めなければならない。

ちなみに、フランスのミッテラン大統領は、スフィンクスと渾名をとったくらい、滅多に本心を表わさない謎めいた人物として知られていたが、ジスベールの『大統領ミッテラン』のなかに、「大統領がノンと言うときはノンであり、ウイと言うときもノンである。だが大統領が《確かめてみよう》と言ったときはウイであった」と、首相ベレゴヴォアが述懐したという話が出ている（註一一）。

外交用語の読み方

ニコルソンの『外交』によると、《外交用語》とは、「相手を怒らせたり、無礼になることもなく、外交官や大臣が互いに辛辣なことを言うことができる、慎重で控え目な陳述」を意味するという。試みに《外交辞令》を広辞苑で引いてみると、「相手に好感を持たせる外交上・社交上の応対語。転じて、口先だけのお世辞」とあるが、《外交用語》であからさまに「ノー」と答えないのは、相手に与える衝撃を少くするような《応対語》、社交的、外交的婉曲話法の使用であって、決して単なる口先のお世辞でも、まして欺瞞でもないことを考えると、広辞苑の解釈は比較的公正と言ってよい。

さらにこの外交的婉曲表現法では、真実を半分しか言わないとか、比喩を用いるとか、間接的表現を使うとかいろいろな技術があり、熟達した外交官は、そのなかに真実を間接的に表現したり、感得したりできなければならない。それがいわゆる「行間を読む（フランス語で lire en filigrane)」ことである。「ノー・コメント」という一言のなかにも、コメントできないという事実に何らかの意味を探ることが不可能でない場合もある。

しかしながら婉曲表現については、ニコルソンは、当たりが柔らかいという利点を挙げつつも、そうした表現の裏にある一定のきまりを心得ていないと、誤解、混乱を生む危険があることを警告している。ニコルソンがそのような表現の典型的なものとして挙げているのは次の例である。

これらはいずれも外交的常套句であるが、その含意の深さを考えると、単なる外交辞令の域をはるかに越えていると言わなければならない。

（イ）「無関心たりえない（to be unable to be indifferent to ……）」と言えば、その問題に必ずや介入するだろうとの意思を示す。
（ロ）「深い関心をもって見守る（to view with grave concern to ……）」は、強硬な態度をとる可能性を示す。
（ハ）「立場を慎重に再検討する（carefully reconsider the position）」は、敵対行動に転ずる可能性を示唆する。
（ニ）「明確な留保を表明する（to formulate express reservation regarding to ……）」行動の自由を示唆する。
（ホ）「自国の利益を考慮せざるをえない（be obliged to consider its interests）」実力行使の可能性。
（ヘ）「自由行動を要求する（to claim a free hand to ……）」実力行使の意味。
（ト）「非友好的行為とみなす（regard …… as an unfriendly act）」戦争をも辞さないとの意味で、本来は迂闊に使えない表現。一九四一年、アメリカの石油禁輸に抗議する日本政府の覚書にこの表現があるのを見たハル国務長官は、直ちに日本に戦争突入の用意があると見てとったというのは有名なエピソードである。
（チ）「結果に対しての責任を拒否する（to decline to be responsible for the consequences）」は、国交断絶寸前の状態を意味する。

（リ）「……までに回答を求める（to demand for a reply before ……）」は最後通牒。

いわゆる《アンダーステートメント（控え目な表現）》もまた、外交官の間で好まれる表現方法である。もともとは、やはり英国人が尊重するレトリックで、ある物事がとくに重要ないし劇的である場合に、ことさらこれに僅かな重要性しか与えないかのようなさりげない表現を用いることを言う。「会談は大成功で、大きな成果を収めた」と言うかわりに、わざと「会談は所期の目的を達成したので、少なからぬ成功と言ってよい」と言うが如きはその例である。

要するに外交用語としては、常に抑制の利いた文章や表現が尊ばれ、美辞麗句は品格に欠けると見なされるのである。

なお外交用語としては、ラテン語の表現が少なからず残っている。たとえば、ある総理大臣が総理大臣の資格で靖国神社を参拝すれば、それは「職務上（ex officio）の行為」であるが、箱根で夏期休暇を過ごすのは、私人としての、または「お忍びの（incognito）行為」という。

外交交渉が大筋において妥結したとき、代表は合意された文書に仮署名して文言を確定することができるが、それは「本国政府の承認を条件とする（ad referandum）」。また、議会の承認を必要としない行政協定の一部を「客観的条件の変化に応じて（mutatis mutandis）」、行政府限りで修正することがある。このような修正を「弁法（modus vivendi）」ということもある。臨時に開かれる委員会は、「臨時（ad hoc）委員会」で、もちろん拒否権は veto だ。

仕組まれた《外交事件》

いわゆる「外交事件（diplomatic incidents）」も、外交技術の範疇に属する問題と言ってよいかもしれない。

もともと《外交事件》とは、失言、しくじりなど、常識的な外交的行動からの逸脱によって生じた特定の外交的結果をいうが、実際にはうっかりミスを犯すような首相や外相は少ないから、なんらかの外交的効果を狙って失言やしくじりに見せかけた故意であることが多い。

こうした《外交事件》は、国際関係に直接重大な結果をもたらすものではなく、ひとつのエピソードで終わることが多い。

しかし、これらのエピソードが何かの目的をもって故意に仕組まれたものであるかもしれないことには常に注意を怠ってはならない。国連総会議場で靴の裏で机を叩いたフルシチョフのゼスチャーには、欧米世論にブラフをかけることが意図されていたが、一九九六年末、ＮＡＴＯ外相会議最終日に任期満了を控えたクリストファー米国務長官に対する送別演説がおこなわれている途中で、フランスのド・シャレット外務大臣が議場から退席した事件は、欧州防衛問題でアメリカと対立したフランス側の腹いせの面があることは否定できない。いずれも、外交用語で「不快感（displeasure）の表明」と言われるものである。これに対して、一九九八年、宮中晩餐会の挨拶で日本の戦争責任に触れた江沢民主席の場合は、もっとはっきりした意思表明で、中国の立場を誤解なく日本の朝野に伝達するのにもっとも有効な手段として宮中晩餐会スピーチが選ばれた可能性は否定できない。

スピーチやインタヴューが非公表を建前としていれば、オフレコ（off the record）であるが、公表しない約束になっている会談内容などを外部に漏らす（leak）ことも、外交事件の一種である。リークは、ミスであるよりも、相手の反応や一般の反応をみるために意図的におこなわれる場合が多い。これを《観測気球（ballon d'essai）》ともいう。

いずれにしても、《外交事件》といわれる事件には、何らかのメッセージが隠されているかもしれず、その場合、そのメッセージ伝達の手段として使われるのが、《外交事件》だったということになる。したがって、よく心得ておかなければならないのは、各国の首脳、外務大臣という地位にある人物は、欲すると欲せざるとにかかわらず、常にそのようなメッセージの発信媒体となる立場にあるということである。

たとえば、ある国から特別の使命を帯びて派遣された高官との会見を外務大臣が拒否したとすれば、その拒否という行為には、必然的に、《外交事件》として一定の意味が付与され、一定の外交的結果を生まざるをえない。どんな釈明も、外交的常識としては決して受け入れられることはなく、生じた外交的結果をつくろうことはできない。ちなみに、「病気だった」と釈明すれば、それが、いわゆる「外交的病気（diplomatic illness）」と呼ばれるものである。

「就任早々で頭が真っ白だった」という弁明は古来稀れであるが、やはり「外交的病気」の部類に入るのだろう。

第四章　首脳外交と大使

いかで、いかなる王国を統治できようか。いかに大使たちを使うかを知らずして？

シェイクスピア『ヘンリー六世』（註一）

現代は首脳外交の時代と言われる。しかし、外交が君主たちのものとして発達した歴史を考えれば、何を今更という気がしないでもない。一九世紀後半においても、フランスのナポレオン三世、プロシャのヴィルヘルム一世、イギリスのディズレーリ、イタリアのカミロ・カヴールのような首脳が自ら外交を取りしきったし、二〇世紀に入って最初の世界大戦を収拾するためには、フランスのクレマンソー、米国のウィルソン、英国のロイド・ジョージといった首脳たちが直接交渉し、ヴェルサイユ条約を締結した。

と言っても、近年の交通、通信手段の進歩が各国大統領や首相の間の頻繁な直接対話を著しく容易にした事実は否定できない。重要外交案件を各国首脳たち自身が電話で話しあったり、直接協議したり、合意したりする機会は、飛躍的に増大した。例を挙げれば、仏独両国の首脳は、年に二回は、二国間の定期サミット協議をおこなうし、先進七カ国サミット、欧州連合や北大西洋条約機構（ＮＡＴＯ）の首脳会議などなど、多国間の首脳会議の機会を加えれば、年に少なくとも五、六回はどこかで顔を合わせている勘定になる。その上、私的な往来も頻繁で、夏休みですら、休養先を訪問しあったりしている。

これは、独仏連帯を共通の基本的外交戦略とする両国であってみれば当然のことであるが、他の欧州諸国についても、ほぼ同様のことが言える。それも欧州に限った現象ではない。米欧間の往来も密接だし、ＡＳＥＡＮ諸国やアフリカ諸国、中南米諸国などにおいても、それぞれ首脳同士が極めて気安く頻繁に接触しているようである。

このような意味において、現代を首脳外交の時代と呼ぶことは、やはり正しいと言わなければならず、このような世界的状況のなかで、日本がやや取り残されている感を否定できないのは由々しいことである。世界地図のなかでの日本の位置がそうさせている面があるのは確かだ。

しかし、それが政治地図のなかでの日本の孤立まで意味するようなことがあってはならない。世界的な首脳外交のネットワークのなかで日本の首脳が不可欠の座を占めることは、日本外交にとってのひとつの課題であることは間違いない。

いい政治家はいい外交官

「誠に外交は手作りであり、現代では特にその手作りによる首脳間の信頼とリーダーシップによって世界は動いているのである」

これは中曽根康弘元総理の「私の履歴書」（註二）からの一節で、首脳外交のあり方を端的に《手作り》と捉えた味のある文章と言えるが、そこには、政権発足早々、韓国を訪問して全斗煥大統領と肩を組み、『ノーラン・シャツ』と『知床旅情』を歌いあった思い出や、レーガン米大統領との間に、いわゆる《ロン・ヤス》の信頼関係を築いた自負を持つ元総理ならではの実感が滲み出ている。

しかし、決して誤解があってはならないのは、『ノーラン・シャツ』『知床旅情』を歌ったから日韓関係が改善されたのでも、《ロン・ヤス》と呼び合ったから日米関係が強化されたのでもないということである。順序はそのまさに逆であって、日本国首相自身が日韓関係改善への確かな政治的意思、かつまた、日米間の懸案解決への政治的コミットメントを先方に伝えたからこそ、首脳間の個人的信頼関係を持つことができたのである。

日本の新総理が訪米して大統領とファースト・ネームで呼び合ったからといって、すぐに総理周辺が「日米首脳の間の個人的信頼関係構築に成功した」などとうそぶくのはまことに笑止なことである。まして、首脳たちが山荘で寛《くつろ》いだ服装で食事し、ファースト・ネームで呼び合ったから、それだけで国際関係が変わると考えたら、危険な幻想と言わざるをえない。そもそも、ファースト・ネームで呼び合うのは、アングロサクソン人の間の習慣で、そんな習慣とはまったく無縁なロシアと日本の首相が互いにファースト・ネームで呼び合って、個人的信頼関係を構築したなどと有難がっているとすれば、欧米人には滑稽に映るだろう。

手作りの首脳外交の担い手は、個人である前にまず公人であり、政治家なのである。彼に求められるのは、何よりも政治的見識と力量だということをはっきりさせておかなければならない。信頼関係とは、その上に初めて築かれるのであって、それがなければ、現代の世界的首脳外交のネットワークに参加することなど夢にもおよばない。さらに言えば、首脳外交の時代において、日本の首相となる資格は、かりに外交の経験はなくとも、国際関係へ向かって開かれた精神、国際社会の未来に対する経綸、そのなかで日本が護らなければならない価値への確信、そして日本の針路についての政治的先見性などである。

要するに、首脳外交の担い手として日本の首相に求められるのは、外政家としての資質である。清沢洌《きよし》は、「いい政治家は、またいい外交官である」と言った。これは、大久保利通の外政家としての資質に着目したものであったが、二一世紀の政治家にも、明治維新の元勲に認められたと同じ資質を求めることは、決して的外れとは言えないと考える（註三）。

外務大臣不適格者

議会制民主主義をとっている国であれば、主要閣僚である外務大臣に議会政党人が任命されるのは当然であろう。その場合、首脳外交を担う首相に問われるのと同じ外政家としての資質がほぼそのまま外務大臣に求められるのも、また当然である。

しかし、さらに外務大臣は、内閣において外交を主宰し、外交問題に責任を持つ地位にある以上、外政家としての政治的資質ばかりでなく、あるいはそれ以上に、その国のトップの外交官としての資質を求められることも閑却されてはならない。つまり優れて技術的性格を持つ外交という分野で、相当の専門家としての知識と経験を持つことが求められるわけである。政党政治以前の政体では、多くの場合、経験ある職業外交官（キャリア・ディプロマット）が外務大臣に任命されてきたのはそのためであった。

しかし政党政治のもとでは、職業外交官の外務大臣は務まらないのが常識である。

なぜなら、政党政治のもとでの外務大臣のもっとも重要な責務は、外交問題と国内的利益との調整について、総理大臣の指揮下で他の閣僚や政党幹部と折衝に当たることであり、また予算編成に際して必要かつ十分な外交経費（それには対外援助関係費も含まれる）の確保に当たることであって、これは政党人でない外務大臣には多くを期待できない責任だからである。

ウィンストン・チャーチルは、外務大臣の責任の重大性について、「いかなる外務大臣といえども、常に総理大臣の支持なしには、自分の仕事をすることはできない」と言って、国政全般にわたり、外務大臣が首相と一心同体的関係にあることの重要性を強調した（註四）。

少なくとも対外的には、総理と外務大臣の言説は常に完全に一致していなければ、外交の一元性、一貫性は維持できない。言いかえれば、外務大臣は自分の言説が内閣全体を代表するものであることに対して、対外的に常に全責任を持たなければならないのである。

それでは政党政治の下の外交がいかに機能するかといえば、議会人出身の外務大臣は、部下の職業外交官を指揮し、その能力を発揮させつつ、かたわら自らも外交経験を積み重ねるという道程を踏んでいるのが現実である。清沢洌の言うとおり、「いい政治家は、またいい外交官である」から、国際問題に対する基本的な知識、理解力と判断力さえあれば、経験を積むことによって、素人外務大臣が名外務大臣となることは決して不可能ではない。またその実例はいくらでも挙げることができる。

ウィンストン・チャーチル

そのためには、外務大臣となる政治家は、そもそも内政と外交との間に存在する決定的な違い、すなわち内政は主権国家内部の問題であるのに対して、外交は他の主権国家との関係調整であるから一方的に強制することはできない、ということをまずよく頭に入れ、みずから職業外交官の頂点として、対外関係調整の技術すなわち外交の実施の習熟に努める謙虚さがなければならない。

そもそも政治的信念も見識もなく、もっぱら大衆のうちのもっとも軽薄で無知な部分に媚びを売ることに汲々とするたぐいの政治家は、国家のいかなるポストにも歓迎できるものではないが、かりにそのような人物が外務大臣に任命された場合、その国の蒙らなければならない損失ははかりしれないものがある。

かりに首相が外政家としての十分な資質を持たないために、世界的な首脳外交の舞台で存分な活躍ができないことがあったとしても、それは残念なことではあるが、それによって蒙る不幸はまだ耐えることができる。しかし、もし外交という使命の重大性に何の自覚も持たず、その任に耐える資質もなくして、もっぱらその任務を自らの人気や野心のためにのみ費やすような人物が外務大臣の任についた場合の損失は、その比ではない。

そのような外務大臣の例としては、《破壊の悪魔》と渾名されたナチス・ドイツの外務大臣リッベントロップをまず挙げることができる。彼は、ヒトラーと知り合い、なぜか外務大臣となることを夢見て、ナチス党内をたくみに遊泳し、遂に外務大臣に登りつめるや、忠実で優秀な外交官たちを粛清して伝統あるヴィルヘルム・シュトラーセ（ドイツ外務省）を戦争準備の道具としたが、戦争犯罪行為を重ねた挙句、絞首台の露と消えた。ムッソリーニ政権の外務大臣チアノも、フランスのヴィシー政権の首相ラヴァルも同様であった。彼らはいずれも外務省を私物化し、国をあやまったが、末路は同じく哀れだった。最低の外務大臣という汚名は、末代までの恥となっている。

職業外交官の忠誠

外交官の忠誠は窮極的には祖国、さらには正義に向けられる。しかし具体的には、君主の僕であった絶対王政時代の外交官は、君主に対しての忠誠を求められた。職業外交官は、いつの時代でも主権者の僕である。したがって、主権在民の近代民主主義国家においては、主権は国民が選挙した議会の多数派によって代表され、その多数派が行政権を付与する内閣によって執行されるから、主権者の僕たる職業外交官が第一義的に忠実でなければならないのは内閣に対してだということができよう。これは極めて自明で自然なことと考えられるが、アングロサクソンの国、特に米国では、それほど自明でないという事実がある。というのは職業外交官は、ある外交理念には忠実であっても、その理念は必ずしも首脳（大統領）の理念と同じでないかもしれず、したがって、職業外交官は大統領に忠実でないかもしれないという推理があるからである。

この推理は、宮廷外交、秘密外交への反動も伴って、ある意味で、二〇世紀を職業外交官の受難の世紀とした。米国大統領ウィルソンは、国務省を軽視し、ヴェルサイユ講和会議で密室の米英仏三国巨頭会談からランシング国務長官まで閉め出したが、これは、公開外交を標榜したウィルソンの自己撞着としか言いようがなかった。フランクリン・ルーズヴェルト大統領も職業外交官を嫌い、側近を要職に登用した。こうして米国では、大使、国務省高官は政治任命（ポリティカル・アポイントメント）され、大統領が代わるたびに、特に共和党か民主党かによって、総入れ替えされる慣行が確立していったのである。

このような事態となった背景には、国際問題の処理に当たる政府の役割についての誤解があったと考えざるをえない。そもそも国際問題の処理には、政策の立案・決定と決定された政策の執行という明瞭に異なる二つの段階がある。これは異なるプロセスであって、その間に混同が生ずると混乱の基となる。

その意味でまず明らかにしておかなければならないのは、外交政策の決定権を内閣と議会が持つということである。職業的外交官も政策立案に関与することは許されなければならない。しかし、その決定権はあくまでも政治にあり、そして政策がいったん決定されれば、かりに決定され、与えられた政策が自身の意見に反するものであっても、職業外交官はその執行に万全を期さなければならない。もし、与えられた政策の依拠する根本理念そのものに反対であるならば、彼は潔く職を辞すべきであろう。そこに職業外交官の《プロフェッショナリズム》と称せられる所以があり、政治家はそのような職業外交官の忠誠を信頼しなければならない。

このように、政治家による政策決定と職業外交官による実施とが合理的、有機的に分業され、その間に相互依存と信頼関係が存在することが近代国家における外交のあるべきかたちなのである。

なお、政策立案の過程での職業外交官の役割については、外務省の幹部と担当部局にそれぞれの任務があることは言うまでもない。だが、在外公館にも、大使を通じて意見具申の権利と責任があることを想起しておきたい。

国務大臣は、所管事項に限らず国政全般について閣内で発言することを期待されている。同様、大使たるものは、任国との関係に限らず、外交全般について意見を述べるべき責務を負っている。以前は、《大大使》と言われる大使たちの、「つらつらおもんみるに」というような書き出しで、国際情勢の見通しと、それに基づくわが国の対処方針についての名文の意見具申電報をよく読んだものであった。

率直な意見具申を

三宅喜二郎「国敗れて現れた忠臣」(註五)によると、一九六〇年代のなかば、吉田元首相は、外務省研修所研修員たちに向かって、「近年外務省の電報を読んでいると、(中略)本使はこう思う、本使の意見や観察はこうだ、というような電報ははなはだ少ない。自分らが大使のころには、『本使は……』『本使は……』と言って、自分の意見や観察をどしどし本省へ言ってやったものだ。諸君も大使になったら、(中略)自分の意見をもち、自分の意見を本省へ言ってやることを心掛けるように」と訓示されたという(註六)。

ところが最近、アフガニスタンでのアメリカの軍事行動に対する日本の支援の内容について、柳井俊二駐米大使(当時)が本省に送った意見の内容が政府の方針と異なるということで、田中前外務大臣が国会で不快感を表明し、大使に即時帰国を求めるという事件があった。

このように、大使の進言の内容が軽がるしく暴露されるのでは、大使が本省に意見を述べることなどできなくなる。まずそれが問題であるが、もっと深刻なのは、政府の方針と異なる意見に対して、不快感が表明されたということである。具申された意見を参考とするか、採用するか、または却下するかは、まったく大臣（政府）の裁量いかんである。しかし大使には、大臣の耳に快かろうが、快くなかろうが、その思うところを述べる権利があり、またそれが役割でもある。むしろ、大臣の耳に快くない意見や情報こそ、大臣にとって必要なものかもしれないのである。

この問題について、村田良平元駐米大使は、「諸情勢についての的確な判断」は、「外交官の生命」であるとした上で、「適時の意見具申こそが、重要ポストに駐在している大使にとって、欠くことの出来ない業務」であると論じている（註七）。村田氏によれば、「大使が意見具申するのは、……政策決定以前に行わなければ意味がない」から、「先走ってこのような進言をするのはいかがなものか」との田中外務大臣の非難はまったく的外れであり、「大使は、……不興を買うことも覚悟した上で、まさに現在のような事態においてこそ、首相や外相へ率直に意見を具申することが期待される。もちろん、外相は外に向かって不快感を示すようなことを決してしてはならない」としている。

実は、この事例で思い出されるのは、一九四一年はじめ、ヒトラーが密かに練っていたソ連侵攻計画に対して、駐ソ大使シューレンベルグとドイツ外務次官エルンスト・フォン・ヴァイツゼッカー（戦後の西ドイツ大統領、リヒャルト・フォン・ヴァイツゼッカーの父）の二人が身の危険も顧みず反対意見を述べたことである。結果としてその勇気は報いられなかったが、信念に基づいて正論を述べた外交官として今も記憶されている（註八）。

政治任命大使たちの危うさ

いずれにしても、外交政策の決定権を持つ政治と決定された政策を実施する外交当局との役割分担という脈絡において、日本は、アメリカ流の政治任命を真似る愚だけは決して犯してはならないと考える。戦後日本には、幸い、ライシャワー、マンスフィールド、モンデールといった一流の人物のみが政治任命大使として駐在したので、アメリカの政治任命大使の弊害を直接経験してはいないが、これはどちらかと言えば例外的なケースと言って過言ではない。

アメリカの政治任命大使たちは、大統領個人には忠誠を誓っても、国全体の利益に奉仕しているという意識に薄く、しばしば政治力をかさに着て公私を混同し、任国での外交活動より本国での政治活動に熱心である。アメリカの識者、言論界は、大統領選挙が終わり、新しい大使人事がはじまるたびごとに、つまり四年ごとに、決まって大統領選挙運動への大口資金提供者が報酬として大使ポストを与えられることを批判し、そのもたらす米国外交弱体化の危険に警鐘を鳴らしている。

しかし事態は、「百年河清を待つ」の譬えのとおりで、一向に改まる様子がない（註九）。最近も、ブッシュ現大統領の大使人事構想が明らかになりつつあったとき、二〇〇一年五月二八日付ヘラルド・トリビューン紙が転載したデイヴィッド・イグナチウス記者の記事（ワシントン・ポスト）は、老練な元上院議員ハワード・ベーカーの駐日大使、中国語ができ、外交経験もあるクラーク・ラントの駐中国大使はよいとして、あとは財産家である以外に何の取柄もない人物ばかりと酷評している。

イグナチウス記者は、欧州統合、NATOの東ヨーロッパへの拡張に伴い、独・仏・英三国間関係の流動化も予測されるという微妙な欧州情勢の見通しに立って、少なくともこの三国には経験深いキャリア外交官を派遣すべきであると論じた上で、ロシア、中東、アフリカ諸国の大使に政治任命者がいないのは、これらの地域の重要性が真剣に受け取られているからか、それとも「食事が不味いからか？」と皮肉っている（註一〇）。

しかし、資産家であることは米国の大使にとってたしかに重要な資格であるはずで、米国の政治任命大使の場合、交際費、いわゆる機密費などの配賦は皆無か、それに近いほど減額され、格式の高い主要国の大使ともなれば、大富豪でないととても務まらないと聞いている。

かつて第二次世界大戦勃発当時の駐英大使だったジョゼフ・ケネディ（J・F・ケネディ大統領の父）も有数の大富豪であった。ルーズヴェルト大統領によって駐英大使に任命されたケネディ大使は、開戦前夜からイギリスの敗北必至と予言し、米国の局外中立とヒトラーに一定の経済的権益を保証する米独提携とをワシントンに進言したことによって、大戦初期の米国の対欧州戦略に大きな迷いを与えたと、後世の外交史家から批判されることになった。チャーチルも彼を厳しく批判している。

たしかに、財界出身のケネディ大使には、ナチズムの何たるかに対する十分な認識が欠如していたようである。彼は、英国民の自尊心と自由の大義に対する確信も過小評価した。外交官としての洞察力を欠いていたので、素人大使の失敗例として名を残すことになったのもやむをえないだろう。民主主義と自由の大義を守るためにはいかなる犠牲もいとわないという悲壮なまでの確信がチャーチルはじめ連合国側の政治指導者たちのなかになければ、第二次世界大戦の勝利はなかったかもしれないのである。いざというときの政治指導者の資質の違いはそれほど大きいことを忘れてはならない。

もちろん、米国の政治任命大使のなかには、アヴァレル・ハリマン、ヘンリー・カボット・ロッジ、近くはマンスフィールドのような偉大な大使も決して少なくはない。しかし、大使の政治任命制度そのものが国務省出身者の昇進の道を大きく塞いでいることは、紛うかたなき事実である。それにもかかわらず、筆者は米国の職業外交官たちの質が優秀で、使命感に燃え、士気も高いことに日頃深く敬意を抱くとともに、政治任命制度の不公正にいささかの義憤を覚えずにはいられない。彼らのなかから、ひとりでも多く、ジョージ・ケナン、チャールズ・ボーレン、レウェリン・トムソンなど、外交史に名を残すキャリア大使につづく名大使が輩出することをひそかに望まずにはいられない。

いかで、いかなる王国を統治できようか

このように、外交における政策決定とその執行という両面の存在、そしてそれに伴う外政家と外交官との役割分担の必然性を考えれば、首脳外交の時代における大使（政治任命であるか職業外交官であるかを問わず）の役割のありかも自ずとあきらかになってくるだろう。

だが、それにもかかわらず、近年、在外大使の役割の重要性は減少し、その地位は低下したということが言われる。

たしかに、在外大使が重要外交交渉を任されるということは少なくなった。またこれに比例して、首脳、外務大臣などに直接情報を伝達し、施策を進言し、また首脳から直接指示を受ける外務本省の総司令部としての機能の重要性が増大したことも事実である。特に統合の進む欧州では、首脳間の公式、非公式の接触が頻繁なだけでなく、外務省はじめ、各省の事務レベルの直接連絡も、緊密である。

その限りにおいては、欧州諸国、とくに欧州連合諸国が互いに派遣しあっている二国間（バイラテラル）大使が任国で果たす役割が相対的に低下しているのは事実と言ってよいだろう。欧州連合諸国間の経済、通商、金融などの諸問題はすべて欧州連合の関係諸機関の場で討議され、交渉されるから、バイラテラルの大使の出番はほとんどないと言ってよい。防衛問題も同様である。もちろん、事前の根回しとか個別の非公式協議といったものはあろうが、それも多国間

協議の場でおこなわれるか、本国間で直接話し合われることが多いようであるから、欧州連合諸国のバイラテラルの大使たちは、ある程度髀肉の嘆をかこっているのではないかと想像される。

とはいえ、欧州統合が進むにつれ、統合された欧州が加盟諸国の主権をすべて譲渡される日が目前に来ていると考えるのは早計である。たしかに欧州は、通貨統合の達成から社会、政治の統合、軍事、外交の統合までを目指している。また、いわゆる「欧州主義者」のなかには、加盟諸国が国家主権をプールしあう連邦制度の樹立を提唱している論者もある。しかし、それはやはり加盟諸国の独立国家としての主権の存在を前提としての話であろう。つまり、国民国家であるフランスやドイツが消滅するという話ではない。国家意識も国益も消滅することはない。とすれば、大使の役割もまた不滅である。

なぜなら、主権が存在する限り、独立国家間の関係で主権者を代表する者の存在は不可欠だからである。主権者は常にその《召使い》を必要とする。かつて君主が《僕《しもべ》》である大使を必要としたと同じように、主権在民の近代国家においては、主権者たる人民も、《僕》としての大使を必要としている。

それは、いかに首脳外交の時代であっても変わりようがない。首脳がいかに世界中を飛びまわっても、彼は常にどこかで代理者を必要としている。現在日本が外交関係を持っている国の数は世界中で一八九ヵ国ある（その上、正式の国家関係はないにもかかわらず極めて重要な交渉を進めている朝鮮民主主義人民共和国のような国まである）。これらの国々との間で、首脳は代理者なしに、いったいどうやって外交関係を保つことができるだろうか。これらの国々との間で、常時コンタクトをとり意思疎通を確保しているのは、現地に駐在する代理者、すなわち大使を通じてなのである。それだけ考えても、首脳外交の蔭に隠れて目立たなくなりつつあるとはいえ、大使はますます必要とされていることが理解されるであろう。

ド・ゴール将軍

当初、職業外交官を信用していなかったといわれるド・ゴール将軍は、第五共和制の成立とともに大統領に就任するや、新任大使たちをエリゼ宮に引見し、彼らの任国の情勢について訊ねたが、その質問は的確で、大統領が問題に通暁していることがよくうかがわれた。終わりに大統領は極めて明快な訓令を与え、大使たちを懇切に戸口まで見送った。こうして、大統領官邸を退出するとき、ド・ゴール将軍に当初もっとも懐疑的だった大使でさえ、自分自身が《彼の大使》であり、《国家元首の代理人》であることを内心に意識することができたという。そして、任地に赴いてから、彼らは誇らしげに「大統領が私に述べたところによれば（Le Général m'a dit）」と言うことができたのである（註一二）。

「いかで、いかなる王国を統治できようか。いかに大使たちを使うかを知らずして？」

これは、この章の冒頭にも掲げたが、アーネスト・サトーが『外交実務案内』のエピグラフとして、シェークスピアの『ヘンリー六世』第三章第四幕第三場から引用した科白である。その意味するところは、古今を通じて変わることがないであろう。

第五章　主権者の代理人　1

われわれに残されたほとんど最後のもの、それは代表するという役割である。それも全うすればのことだが
ロジェ・ペイルフィット『大使館』（註一）

「大使は、朝の仕事として、まず前日の出来事や会談の内容などを口述して記録する。ついで任地の新聞を丹念に読み、特定の記事の持つ意味について報道官と打ち合わせる。その頃までには、前夜中に本国や他公館から到着した暗号電報が解読されて供覧されているだろう。それらの電報のなかには、至急処理を求める本国の訓令もあるかもしれない。大使は、回電案の起草を指示し、訓令執行に必要な会見のアレンジを命じなければならない。机の上には、任国政府から来た公文書や手紙が載っており、大使はそのうちの重要なものを読み、処置についての指示とともに担当官へ回付する。そうこうするうちに、来客との応接が始まる。外国の大使の来訪、任国のジャーナリストのインタヴュー、財界人の訪問などが相次ぎ、地方の領事からは、事故に遭った自国民の救済について報告がある。

午後になって、大使は任国の外務大臣あるいは外務次官と会談するかもしれない。その場合、彼は帰館するとすぐ、記憶の新しいうちに本国政府への報告を起草しなければならない。夕方までにはさらに多くの電報が到着し、大使の承認と署名を求める発電案や公文書が山積している……」

これは、現代の大使の一日ではなく、今から六十年以上前の一九三九年に書かれた『外交』のなかで、ハロルド・ニコルソンが大使の生活の典型的な二四時間として記しているところの抜き書きである。もちろんリズムの違いは感じられるが、現代の大使の一日と基本的には相通じるところが多いのに驚かされる。一九三六年に駐日フランス大使の任を退いたポール・クローデルも、おおむねこのような大使生活を送ったのであろう。そうとすれば、クローデルが厳しい日程のなかからどうやって詩作や劇作のための時間を持つことができたのかというのは、やはり永遠の謎と言わざるをえない。

外交官試験に主席で合格し、日本に6年間在任したポール・クローデル

時期的にはクローデルと入れ違いに駐日大使を務めたジョゼフ・グルーの『滞日十年』を読むと、さすがに日米関係が緊張を続けていた一九三〇年代後半からのグルー大使の十年は、もっとストレスの高いものだったよう

である。着任間もないある一日を振り返って、グルーは、「大使というものは、このように、額に汗して仕事にとりかかるのである。今日一日中での唯一の幕間は、昼飯前、東京俱楽部でのんだカクテル一杯である。仕事がいつまでもこんなに多いものとすれば、私は毎日カクテルを必要とするだろう」と嘆いている（註二）。

大使たちの二四時間

良きにつけ悪しきにつけて、二一世紀の技術革新の影響を蒙らざるをえない現代の大使の一日が六十年前とはかなり違ったものになっているのは当然である。しかし、一日が二四時間で昼と夜があり、三度の食事があることは変わりようもないのだから、基本的には、共通するところが多いのも事実である。では現代の大使は、どんな一日を過ごすのだろうか。

朝、ベッドから起きて、二〇〇二年の大使がまずやることといえば、パソコンを起動して、到着した電子メールをチェックすることだろう。至急に処置しなければならないことがあれば、すぐにも担当官を呼び出すため、受話器を取り上げなければならないかもしれない。世界の重要ニュースや新聞の見出しも、ネットでチェックすることができる。数年前の筆者の時代にはまだなかったことである。筆者の時代では、主な新聞の見出しにざっと眼を通すのがやっとで、とても中身を読んでいる時間はなかった。

朝食のテーブルには郵便物がのっているかもしれない。公的なものと私的なものを仕分けし、公的なものは大使館に持って行くため鞄にいれる。朝食中には、急いで大使夫人とその日の日程を打ち合わせておかなければならない。専用車は一台しかないのが原則だから、大使と夫人の予定が重なる場合は、車の手配を確認する。ついで、次の週に公邸で予定されている昼食会、晩餐会などのメニューの相談のために、公邸料理人がメモを持って現われる。招待客のリストを見、顔を思い浮かべながら、夫人と料理人の意見を聞いて決める。料理人は、その日の指示に基づいて仕入れをするだろう。

車のなかでは、昼食会でのスピーチを考えたり、午後の会談の組み立て方を反芻したりしながら過ごす。大使館には、最初の約束の二、三十分前に着きたい。まず秘書とその日の日程を再確認する。飛び入りの来訪者がもう待っていることもあるが、それは二、三分で済ませなければならない。総務の参事官を呼んで、処置すべき事項についてメモを渡したり、口頭で指示を与える。担当官が次々に至急の決裁を求めたり、指示を仰ぐために顔を出す。秘書が置いていった手紙にサインしながら、それらの報告を聞いたり、指示を与えたりする。必要に応じて、問題の協議のために急遽関係者数人を集めて会議をしなければならないこともある。

この頃になると、電話もかかってくる。こちらから電話をかける用もある。それを終えてから約束の来訪者の応接がはじまる。十分、十五分で終わることは珍しく、多くの場合、一件に三、四十分は必要だから、午前中に受けられる来訪者の数は多くて三人までだろう。こちらから、外国の大使や任国の政治家を訪問する約束のあることもある。その足で昼食会に廻る。それがたとえば、日本商工会議所の会頭をしていた某企業支店長の離任パーティーであるとすれば、歓送の挨拶を述べなければならない。昼食会が終わって、大使館に帰り、書類に眼を通す。しかし、総務が特に重要なものだけ選別してくれた電報や書類だけでも全部処理することは不可能だ。分厚いものは、あとでゆっくり読むためにキャビネットにしまい、多くの場合そのままになる。できれば椅子に座ったまま、五分か十分眠りたい（註三）。

これがうまくいけば、その後の能率に大変効果があるのだが、たいてい、電話やドアのノックで妨げられる。するともう外務省へ次官を訪問するため出かける時間だ。ノート・テイカー（記録係）の書記官一人を連れて行く。覚書の封筒は胸の内ポケットに入れ、鞄は持たない。約束時間の五分前に着くが、約束時間が過ぎて十分待たされるのが通常だ。訓令に基づく申し入れを口頭でおこない、覚書を手渡す。相手はそれに目を通し、何かコメントするだろう。それに応じて反論なり、補足説明なり、質問なり、相互に応答が交わされる。その間、大使は相手の言うことを理解し、記憶し、かつ、次に何をどう言うべきかを考えるという三つの働きを同時に頭脳に命じなければならない。これは、訓練と経験を経て、ようやく習得しうる技能である。

ノート・テイカーは決して当てにしてはならない。彼のとったノートはあとで確認のために使うだけで、会談内容はすべて会談者の頭のなかに記録されなければならない。それがもっとも確実、正確だからである。したがって、会談終了後はできるだけ速やかに報告を起草するか、口述筆記させる。少なくともメモをとっておく。人間の記憶の容量には限度があるので、あとから他の情報がインプットされると、前のものは簡単に消えてしまうからである。

大使館に帰ると、他の事務処理が待っているだろう。邦人記者が待っているかもしれない。任国と日本との時差にもよるが、夕方はまた新たな電報やメールの入ってくる時間である。それにざっと眼を通して大使館を出る。まず、有名画家の展覧会オープニングにちょっと顔を出してから公邸に帰り、晩餐会のためディナー・ジャケットに着替え、大使夫人を連れて公邸を出る。某国の国祭日（ナショナル・デー）パーティーがあるが、その後で晩餐会があるので、会場ではホストの大使夫妻に挨拶だけして、ビュッフェの前は通り過ぎ、反対の出口から外へ出る。

次が某某国大使公邸での晩餐会である。帽子やコートを預け、テーブル・プランで両隣の客を確認する。未知の人であれば、どういう人か然るべく尋ねるが、その前にたぶん主夫人が親切に教えてくれるだろう。主賓に挨拶し、カクテルを飲みながら、顔見知りの人たちと挨拶を交わしたり、紹介を受けたりする。

外交団の晩餐会の場合は、招待が八時半とすればテーブルにつくのは九時半、食事の最後に主人と主客のテーブル・スピーチがあって、サロンのコーヒーに移るのが十一時。主客が帰るのが十二時前後。それから主人に別れを告げて公邸に辿り着くのは十二時半。机の上には、夕刊新聞といっしょに外務次官との会談の報告案が封筒に入って置いてある。クローデルなら、さてそれからタイプライターの前に座るわけであるが……。

大使の任務と権限

では、大使の任務と権限とはいったい何なのか？　大使とは何をするために外国に派遣されており、何を期待されているのか？

池井優氏によれば、ライシャワー元駐日アメリカ大使は、「大使とは何をするのか」という質問に次のように答えたということである（註四）。

(一) 任地において、アメリカ政府を代表する。
(二) 任地において、個々のアメリカ人に対して一定のサーヴィスを行い、また任国国民との接触を監督する。
(三) 公式チャネルとして、任国の状況や態度をアメリカ政府に通報する。またワシントンと相手国政府との交渉に参加する。
(四) 任国に対するアメリカの政策の展開に寄与する。
(五) 任国の政府と国民の間にアメリカに対する友好と善意の関係を築き、両国間の相互理解を深める。
(六) 以上の義務を遂行するため機能的な大使館を維持する。

これは大使の任務と権限に対する極めて常識的な見解であると思われるが、実は、この点についての指針となるものが日本には存在していない。

フランスでは、一九七九年六月一日付のジスカール・デスタン大統領令が、その第一条において、大使の任務を明確に定めており、この定義はライシャワー大使の見解にもほぼ合致すると思われるので、次に引用してみたい。

「大使は、その任国において、国家の権威を受託する。大使は、外務大臣の権限のもとに、任国におけるフランス政府の外交政策執行の任に当たる。大使は、共和国大統領、政府および各閣僚を代表する。大使は、政府に報告し、国家の名において交渉し、フランスと任国との関係発展に努め、国家とフランス国民の権益保全を確実にしなければならない」（註五）

このような任務と権限を与えられた大使は、大使館を率いて外交政策の実施に当たるわけであるが、一口に大使館と言っても、大使以下十名以内という小規模公館から、ワシントンの在米日本大使館のように、総員百名を超える大公館まであるし、その機能のあり方も、地域の環境特性や置かれた国との関係などによる違いも大きい。

ライシャワー大使

したがって、大使館はどんなところで、そこでどんな仕事がおこなわれているかを述べるには、一応標準的な規模の大使館を念頭に置くしかないが、通常、大使館には、大使のほか、次席で補佐の参事官（大きめの大使館になると、公使）がいて、その下に総括の参事官（小さい大使館では、次席が兼任）が官房事項を含めて館務を統括する。大使を頭にたとえれば、総括役はそれを支え、かつ頭と身体とを繋ぐ首に当たるから、その役割は極めて重要である。官房には、秘書、会計、文書、通信、庶務などの係があり、小さな館では、一人で会計と庶務を、また一人が通信と文書を兼務せざるをえない場合が多い。技術的な仕事のためには、相当数の現地雇員を使用しているだろう。運転手もそのなかに含まれる。これらが大使館の下部構造である。

下部構造に支えられる上部組織、つまり活動部隊としては、通常の場合、政務、経済、文化、広報、領事などの各班がある。大使館の人員に応じて、政務班は任国の内政(治安、警察を含む)と対外関係との二つの係に分かれ、さらに防衛駐在官が配置されている場合は防衛班がそれに加わる。経済も、大公館では金融財務と貿易通商はそれぞれ独立の班となるし、関係各省からの出向者に応じて、農林、運輸、郵政、建設、保健衛生、科学技術などの係もある。文化(留学生、教育を含む)と広報は、場所によっては、大使館とは独立のセンターを構える場合もある。

領事については、北京、マニラ、バンコクの大使館、香港の総領事館のように、常時大量の査証発給事務がある場合は大人数の大組織を擁している。そのほか、近年、専門の警備担当官が配置される公館が多くなった。

このように大使館の取り扱う仕事の分野は、ほとんど森羅万象にまたがる。また、その活動形態も、一般的な情報収集、個別問題についての交渉、各種調査があり、交流事業があり、広報がある。また在留邦人や旅行者の事故などに際しての援護、領事事務もある。これらの業務に実際に取り組むのは主に大使館員たちであるが、やや大袈裟に言うと、政府の縮図と言えないこともないこの大使館の事務方（上記の比喩において身体に当たる部分）のことを、外交用語でChancel-leriyという。その元締めに当たる事務総長役として、すみずみまで目配りも気配りも利く有能な人材を得ることが、大使館を十分に機能させる上でのポイントと言ってよいだろう。彼らは、館長代理（Deputy Chief of Mission）の英語の頭文字をとってＤＣＭと呼ばれるが、この略称には特別の責任と敬意がこめられている。

大使は、その上に立って、大使館の任務をその責任において統括していくわけであるが、そこでの問題のひとつは、館員たちの人事については、大使は意見を述べ、勧告することはできても、人事権は持たないということである。特に他省庁からの出向者の場合、外務大臣の人事権すら形式的なもので、最終的には出身省庁に属する。このように、給与面での権限も人事権も持たない大使が部下の忠誠を確保していくためには、その人格識見に対する部下の信頼と尊敬だけが唯一の頼りなのである。

情報活動

大使館の活動のなかでも、大使館に期待されるもっとも重要な任務は、情報収集活動である。ルイ一四世の廷臣だったカリエールは、「大使は尊敬すべきスパイと呼ばれる」と書いているくらいで、大使からの情報は昔から貴重だったようである（註六）。

カリエールによれば、大使の主な仕事のひとつは、任地の宮廷の秘密を探り出すことにあるから、秘密を教えてくれそうな人間を買収するのに必要な出費をしなければ立派に仕事を果たすことはできないとして、特別資金（いわゆる機密費）の支給という慣習ができたのもそのためだとしている。しかしながら現代の国際関係では、大使館の情報活動と諜報活動とは、区別されなければならない。もちろん大使館の収集する情報に秘密の情報が含まれることはあるが、その入手方法は合法的でなければならないのが原則である。

とはいえ実際問題としては、情報活動と諜報活動との間に灰色の領域が存在することも否定できない（註七）。特に国際テロ組織による無差別、大量テロの脅威が切実となってきた現在、インテリジェンス能力の向上は、国家安全保障の重要課題となった。当然、大使館の情報活動のあり方にも、再検討が必要である。折りあしく、このところの一連の外務省不祥事は、外務省、在外公館の情報収集関係費を削減させる方向に作用している。本来ならば、時代の要請は、その増額でなければならないはずである。その意味でも、不祥事のもたらした傷はまことに深いと言わなければならない（註八）。

日本国民の代表として

以上述べた通常の大使館業務以外に、館長である大使には、部下の館員には代行することのできない大使固有の任務が存在する。それはフランス大統領令が言うところの「国家の権威を受託」し、かつ「代表する」、すなわち、英語で言えば《レプレゼンテーション》という任務に他ならない。いかに首脳外交の時代だとは言っても、また、いかに首脳同士の行き来が頻繁になったとは言っても、それは所詮、必要のあるとき随時おこなわれるにすぎないことは前章で論じた。

ところが国は、常時、外国においてその存在（プレゼンス）を確保しておかなければならない必要を持っている。このプレゼンスを常時確保するということが、まさに大使の文字通りのレゾン・デートルと言ってよい。したがって大使の大使たる所以は、国家に奉仕するために、その代表として任国に常駐することにあり、その任務は、《神の代理人（Vicario di Cristo）》ならぬ《主権者の代理人》であり、もっとわかりやすく言えば、その役割は《席取り》にあるということになる。


さて、ある大使の任命が内定すると、派遣先国の政府にその任命に対する「同意（アグレマン agrément）」を求めることになるが、これが得られるまでは正式決定、発表はおこなわないというのが外交慣例である。アグレマンの請求を受けた政府は、相手国にいる大使に訓令を出して、内々に候補者の評判を報告させる。しかし、アグレマンの拒否ということは、重大な《外交事件》で、両国関係におよぼす影響が大きいから、アグレマンに問題があるような人物の任命を要請されることは事実上ありえない。したがって、この調査手続きは、現在ではやや形式に堕している嫌いがある。

アグレマンを与えられた大使は、内閣によって正式に任命され、皇居で天皇による認証式を了え、天皇から任国の君主、大統領など国家元首に宛てた信任状（Letters of Credence, Credentials）を下付される。筆者が一九八一年ヴェトナムに、同じく一九八七年オーストリアに赴任したとき、昭和天皇から下付された信任状は古めかしい文語体だった。しかし、一九九〇年ベルギーに赴任のため下付された信任状の日本語原文（フランス語訳添付）は現代語体に変わっていた。その内容、形式とも、以前のものと同様、アーネスト・サトーが『外交実務案内』に例として掲げている英国王室の信任状の文言にほぼ沿っているが、これを読むと、大使が任国において日本政府を代表（レプレゼント）するばかりでなく、日本国、日本国民の代表として行動するものであり、しかも任国からそのような者として見なされるというのは、この信任状に由来しているのだということが理解できる。

まさに主権者の代理人としての任務を大使に授けているのは、この信任状なのである。大使たる者は、この文言を思い出すたびに、襟を正し、任期のある間、あらゆる場合、あらゆる時に、主権者の代理人として忠実に行動しなければならないとの覚悟をあらたにするのである。

相手国元首に宛てられる信任状の内容はおおむね次のとおりである。

陛下

日本国政府は、日本国と○○○国との間に存在する友好親善関係の維持増進を希望し、○○○を陛下のもとに駐箚《ちゅうさつ》する日本国の特命全権大使として選任した。

ここに、日本国憲法の規定に従い、本書をもってこれを認証する。

同人は、人格高潔、職務に忠実にして才幹を有し、よくその大任を全うして陛下の期待と信頼に応えるものと確信する。同人が日本国の名において陛下に言上する際は、これに全幅の信用を賜るよう要請する。

この機会に、陛下の幸福と貴国の繁栄とを祈念する。

〇〇〇年〇月〇〇日　東京皇居において

御名御璽

内閣総理大臣（副署）
外務大臣（副署）

信任状捧呈

新任大使が任国に到着すると、空港では通常、任国外務省の儀典係官が出迎えている。大使は、儀典係員と同乗し、外務省差し回しの車で公邸に入る。数日後には外務省儀典長を往訪し、信任状の写しを渡して、元首への信任状提出のアレンジを依頼する。信任状原本は、通常、大使が自ら携行する。

信任状の写しを儀典長に提出すると、大使はまずウェイティング・リストに載せられる。多くの国では、信任状捧呈は、五、六人の大使をまとめておこなわれるから、時期によっては長いウェイティング・リストができていることがあって、しばらく待たされることもある。二〇〇一年七月着任したハワード・ベーカー新駐日アメリカ大使の場合は、着任の時期が沖縄での米兵婦女暴行事件の容疑者引渡しと重なったという特殊事情もあったが、着任後ただちに信任状を捧呈した後、外務大臣ばかりでなく総理大臣を訪問し、テレビのインタヴュー番組で「持参した信任状には日本におけるブッシュ大統領の代表として自分を信頼して欲しいと書かれており、したがって自分は日本にいる限り米国を代表するものとして行動する」と語った。すべてがこのように迅速に取りはからわれるのは例外で、日本政府がいかに新米国大使の着任を待っていたかを物語る。

厳密に言えば、信任状を捧呈するまでは、大使としての正式な活動は許されない建前である。しかし現在では、写しを儀典長に渡したあとは、儀礼訪問などをはじめてよいというのが一般の慣例になっている。信任状捧呈の日取りが決まると、一週間くらい前に通知があり、儀典の係官が来て、当日のお膳立てをいろいろ指示する。

一七世紀の外交官で『外交談判法』の著者、フランソア・ド・カリエールによれば、彼の時代には、大使は着任後、接受国の費用で三日間盛大な歓迎を受けたという（註九）。

フランス宮廷の慣わしとしては、「パリに着任した大使は、一旦城外に出て、王室差し廻しの六頭立ての馬車をつらね、あらためて正式入場を行い、迎賓館へ案内され、三日間泊められた。一六九九年にモロッコの大使が泊まったときは、小牛二頭、羊二頭、若鶏十羽、七面鳥六羽、鳩四羽、うずら二羽、鶏卵六ダース、葡萄酒十四パイント、同量の瓶詰めビールが必要であった。この三日間の滞在をすませてから、国王の公式謁見が行われた」という。

一八〇五年、オーステルリッツの戦いに勝ったナポレオンは、オーストリア皇帝フランツ一世に対して、ナポレオン宮廷駐箚オーストリア帝国大使としてメッテルニッヒを任命するよう所望した。オーストリア、フランス両帝国の利害を調整し、新しい関係を結ぶためにもっともふさわしい人物ということである。翌一八〇六年、ナポレオンの要請に応えてパリに着任したメッテルニッヒは、サン・クルー宮殿でナポレオン皇帝に信任状を提出するが、そのときの模様は『メッテルニヒ回想録』によれば次のようであった（註一〇）。

オーストリアとフランスの新しい関係を結ぶためというナポレオンの要請に応えて、パリに赴任したメッテルニッヒ

「私はナポレオンの前に出た。私はその際、慣例的な挨拶の言葉を述べるのを差し控えた。私はただ、ナポレオン自身の希望に従って、彼の身近でオーストリア皇帝の代理を務めることになったからには、いかなる情況のもとでも両帝国の友好関

係を強固にするため努力するつもりである、と述べ、独立した諸国間で永続的平和を築きうるような基盤だけを頼りにする所存であるとだけ言上した。これに対しナポレオンは、しごく簡単な言葉で答えた。それにつづくわれわれだけの個人的話し合いにおいて、私はこの初会見がうまくいき、その効果も長続きするものと確信しえた」

一九三二年六月、ジョゼフ・C・グルーは、米国の新駐日大使として、天皇に信任状を捧呈した。『滞日十年』に、そのときの模様が書かれている（註一二）。

「式部次長黒田伯爵がわれわれを迎えに来た。土砂降りの最中で御者や騎兵中隊長の帽子の羽根飾りはびっしょり濡れていたが、こんな雨も、誕生日のお菓子みたいに派手な鹵簿《ろぼ》をみじめなものにはしなかった」「前駆の騎兵、後駆の騎兵、それに続くのが館員をのせた何台かの馬車。北米合衆国の大使はただ一人堂々と馬車の後席に座り」、「有能なる警察はすべての交通機関を停止させた。そして電車の中なりタキシーの中なり、あるいは往来にいる者の誰かがお辞儀をすると大使は帽子を上げて答礼するのだった。われわれが非常に美しい宮城の構内に入ると、近衛兵の一隊が気を付けの姿勢で並んでいて、ラッパを高々と吹き鳴らし、十時五十分、一秒の狂いもなく玄関に到着した」。「それから天皇の部屋へ導かれた。扉のところでお辞儀をし、半分ほど進んでお辞儀をし、すぐ前に行った時三度目のお辞儀をする」。「私は御挨拶の言葉を読み上げた」。「そこで私は信任状と前大使の召還状とを捧呈し、続いて天皇が調子の高い単調子で、日本語の挨拶状を読み上げられ」、「それが終わると、儀礼式にいう握手があり、天皇は二、三の型どおりの質問をされた」

このあと、随員の紹介があったが、それが終わると、大使、大使夫人、令嬢の三人だけは別室で皇后に御挨拶し、いったん大使館に戻って燕尾服をモーニングに着替えてから、また宮城で午餐会があったと書いてある。極めて手厚いもてなしであったことがわかる。

なお、駐日外国使臣による天皇への最初の信任状捧呈は、一八六八年（慶応四年）五月、英国の第二代駐日公使ハリー・パークスが大坂東本願寺で明治天皇に対しておこなったのを嚆矢《こうし》とすると思われる。アーネスト・サトーの『一外交官の見た明治維新』（坂田精一訳　岩波文庫）をみると、その模様は基本的にグルー大使の時代と異なるところはない。フランス、アメリカ、オランダなどの駐日公使も、それと相前後して明治天皇に信任状を提出している（註一二）。

現在、諸外国の新駐日大使の信任状捧呈が皇居でおこなわれるときは、大使は、東京駅北口と皇居との間を宮中差し回しの馬車で送迎され、その古式床《ゆか》しさは諸外国の大使たちに非常な感銘を与えている。

一九〇六年一月、在ロシア公使館は大使館に昇格した。これに伴って新ロシア駐箚本野大使一行がツアールスコエ・セロ離宮におけるニコライ二世への信任状捧呈に赴く様子が佐藤尚武『回顧八十年』に出ている。それによると、「本野一郎大使以下全員が大礼服姿で、大使は宮廷差回しの四頭立てドーモン式の儀装馬車、随員たちも宮廷用馬車に分乗し、雪の並木道を、堂々と威風を払って進み、そのあとからは、ピカピカに磨いた金の胸当て、白い羽根の金かぶとを戴き、長槍を手にした竜騎兵の一隊が雪を蹴立てて勇ましく付き従った」という（註一三）。

　三谷隆信が駐スイス公使から転じて、駐仏大使としてヴィシーに赴任したのは、一九四二年四月であった。このときの三谷大使の文章（註一四）によると、「国家元首ペタン元帥に信任状を捧呈したのは、ヴィシー郊外のある大きな別荘風の建物であった。到着のときと退出のとき、玄関から門までベレー帽を被ったシャッスール・アルパンが捧げ銃をして敬意を表した。ペタン元帥は一九二一年、今上陛下（昭和天皇）が皇太子としてフランスをご訪問になったとき、ヴェルダンの古戦場をご案内した話をされた」とある。スイスから直接ヴィシーに赴任した三谷大使のペタン元帥に対する信任状は、「送付が困難だったので、原本を東京のフランス大使館に寄託し、元帥に手渡したのは電報によって作成した写しであった」という。戦時下、しかもヴィシーで侘び住まいのフランス政権への信任状捧呈式とはいえ、信任状コピーの捧呈とは、前にも後にも例のないことであろう。

儀礼訪問

　筆者自身は、ヴェトナム、オーストリア、ベルギー、フランスの四カ国のほか、ベルギー駐在中に兼任したルクセンブルグ大公国と、フランス駐在中から兼任したジブチ共和国にも信任状を提出したから、合計六回信任状提出を経験した。これは一人の人間としては多い方だとは思うが、アフリカ、中南米や旧ソ連新独立国などの場合、一人の大使が三つも四つも兼任国を持つことは珍しくないので、最高記録はもっと多いはずである。

筆者が初めて信任状を提出したのはヴェトナムであった。ハノイでの信任状捧呈が、社会主義国というお国柄、またカンボジア戦争中という時節柄もあって、極めて簡素だったのは当然と言ってよいだろう。次のウイーンでも、かつてのハプスブルグ帝国の華やかさはなく、大統領官邸（ホーフブルグ宮殿）前には、美々しい竜騎兵と思いきや、何と戦闘服に鉄かぶとのパラシュート部隊が整列していたのにには意表をつかれた。しかし、式が終わって官邸出口を出ると、パラシュート部隊が捧げ銃をするなか、国家『君が代』が演奏され、旗ざおにするすると昇る日章旗を仰いだのは感激であった。観光客の多い場所だけに、日本人の観光客たちも、何事かと不思議そうにビデオ・カメラをまわしていた。

筆者がやっと竜騎兵に巡り会えたのはブリュッセルであった。式場であるブリュッセル宮殿に向かったのは馬車ではなく、宮廷差し回しの乗用車だったが、赤い房のついた金色のかぶとを目深に被り、長槍を手に、金モールの胸当ても美々しい近衛兵騎馬隊が、かつかつとひづめの音も勇ましく前後を警護して、大通りを王宮に向かった。このときの服装は燕尾服に勲章着用で、ボードワン国王は軍服に勲章だった。

次のフランスでは、いかにも共和国、しかも社会党の大統領らしく簡素で、エリゼ宮への行き帰りは車にパトカーがついただけ。内庭に共和国護衛隊（Gardes Rêpublicains）がサーベルを抜いて整列するなかを入口の階段を登った。服装は平服だった。『回顧八十年』には、佐藤大使が一九三三年末、当時のルブラン大統領に信任状を提出したとき、四頭立ての馬車も、儀杖兵もなく、極めて簡素なものだったと書かれているから、それが共和国式なのであろう。ただ服装は大礼服だったと出ている。戦後も、ジスカール・デスタン大統領までは、燕尾服着用だったと聞いている。

信任状捧呈の儀式そのものの内容は、グルー大使の戦前の日本での経験に比べると、現在ははるかに簡略化された。どこもだいたい同じようで、指定された人数の随員を従え、儀典長の先導でサロンの入口に着くと、奥に元首が外務大臣と侍従長、侍従武官などとともに立っている。そこに向かって一礼してから前へ進み、信任状を元首に捧呈する。このときは無言である。戦前までの慣例では、メッテルニッヒやグルー大使の回想録にあるとおり、《言上振り（discours）》といって、両国間の友好関係を祈念するといった元首のメッセージを述べたものらしいが、今はその慣例はなくなった。

元首は信任状を受け取ると、すぐに大使だけ別室に招き入れる。外務大臣が同席することもある。これは大使が任国の元首とテタテット（差し向かい）で話のできる数少ない貴重な機会である。その間、随員は別室で儀典長や局長その他と歓談しながら大使の退出を待つ。時間は長くて三十分（次の新任大使が番を待っているから）くらいであるが、この機会を十分有効に使うことは新任大使の最初の大仕事と言ってよい。

こうして着任早々の信任状捧呈こそは、任を終えて帰国しても、決して《凱旋門》をくぐることのない大使たちにとっての最大の晴れ舞台なのである。

信任状捧呈式を終えて退出すると、儀典長またはその代理が公邸まで送ってくれる。そこで随員一行とともにシャンパンの杯を挙げて祝い、労をねぎらう。その際同時に、新任大使の最初の公的行為として外務大臣への訪問を申し入れる。それは原則として、二、三週間以内に実現するはずである。ついで、首相、主要閣僚、上下両院議長、同外交委員長、最高裁判所長官などへの儀礼訪問も儀典長に斡旋を依頼する。そのほか新任大使は、外務次官、外務省はじめ関係各省高官をできる限りすみやかに訪問しなければならない。共和国であれば、前・元大統領、王国であれば、王族への挨拶も必要である。王妃はじめ王族への訪問の場合は、夫妻でお茶に招待されることもあろう。別途、大使夫人も、大統領夫人、首相夫人、外務大臣夫人、外務次官夫人などへ挨拶に行かなければならない。この場合も、お茶となることが多い。

新任大使にとって厄介な問題のひとつは、各国の先任大使への儀礼訪問（courtesy call）である。パリやブリュッセルのように各国の大使館が二百近くもあるようなところでは、その全員を儀礼訪問することは物理的に不可能だから、外交団長をはじめ、主要国大使に限定せざるをえないが、それでも数を三十以下に抑えることは難しいだろう。

筆者が最初に大使として勤務した頃のハノイには、全部で二十くらいの公館しかなかった。当然、そのすべてを訪問するのだが、それだけではなく、答礼訪問（return call）というしきたりが残っていて、訪問した先任大使が数日後に向こうから返礼にくることになっていた。旧ソ連共産圏諸国の場合は、訪問するといろいろ御馳走が出て、昼間からウォッカで乾杯という具合だから、先方が答礼に来たときも、コーヒー一杯というわけにはいかない。せめてカナッペやサンドウィッチにシャンパン、シェリーくらい出さなければならない。

だが、このような訪問には単なる儀礼以上の意味があった。夫人同伴となれば夫婦で知り合うチャンスになるし、特にハノイのような小さな外交団の社会では、以後一日に何度も同じ顔ぶれで顔を合わせ、厳しい環境に共存する戦友意識のようなものも生まれて、大変親しくなることができた。さすがに後年、ヨーロッパへ転勤してみると、答礼訪問という習慣はなくなっていた。特にパリでは、大使たちはフランス人とのつきあいで手一杯のため、外交団同士のつきあいが薄かったのをむしろ淋しく感じたくらいである。それでも、こちらが先任になって儀礼訪問を受けた場合、辞去する大使を必ず門まで送ってゆき、車に手を振るというギルドの掟（？）だけは、しっかり守られていた。カリエールの『外交談判法』を読むと、「諸王国の大使たちは、相互に相手の訪問を受けたときは、馬車のところまで相手を見送る」とあるから、われわれは一七世紀以来の伝統を受け継いでいたことになる（註一五）。

このように儀礼訪問は一面厄介なものではあるが、あまり日本と縁の深くなさそうなカリブ海や中央アジアなどの小国の新任大使がわざわざ儀礼訪問に来てくれたりすると、日本という国に敬意を表わしてくれているのだと感じてうれしかったものである。

こうした儀礼訪問を一応終えるには、最低一年はかかる。これが大使にとっては《種播き》の時期、いやその前の、畑の土を耕す時期である。

クローデルとパークス

信任状提出を終えれば、新任大使が《代理人》としての任務を果たすための形式的な資格はととのったことになる。しかし実際にその任務を遂行するためには、任国の朝野から実質的に認知されなければならない。多くの場合、お披露目の意味で着任披露レセプションを開くが、その後も足を使って、有力政治家（野党を含め）、財界人その他の著名人を幅広く、かつ小まめに訪問することが必要である。

駐日英公使ハリー・パークス

そこで儀礼訪問先のリスト作成ということが重要になるが、筆者はウイーンに着任した際、前任者から詳細なリストを貰って非常に助かった経験があるので、それ以来、離任に際してはかならず、大使として交際しておくことが望ましい人物のリストをコメントとともに後任者に引き継ぐことにした。

大使の活動の範囲は、首都に限られるものではない。ポール・クローデル大使は、滞日中、日本各地に広く足を伸ばしたが、その経験を次のように記している（註一六）。

「私は最近東京以西にあるいくつかの大都市を旅行しました。職務で滞在している国を心から知ろうと思えば、視察旅行は、大使が定期的に行うべき義務のひとつであります」。「というのも、大使たるもの、国の外面のみを見て満足すべきではないからです。大使であるなら内面を見なければなりません。国を生かしている内臓を見なければなりません」

時代はさかのぼるが、英国の第二代駐日公使ハリー・パークスは、一八六五年横浜に着任するや、早々に海路、函館を訪問、その後横浜に戻ってから、今度は連合艦隊を率いて兵庫沖に現われ、大阪に足を伸ばした。さらに翌六六年には、同じく海路、下関、長崎を経て、外国使臣としては初めて薩摩藩を公式訪問、ついで宇和島藩をも訪問した。このとき、パークスは鹿児島訪問について、「この訪問は、すべての関係者に多大の満足を与えた。それは、薩摩とばかりではなく、日本の他の大名たちとも、同様に友好的な交際を結ぶ前触れになるものと信じている」と外務大臣へ報告している由である（註一七）。

交通の極めて不便だった当時でさえ、大使が首都に便々《べんべん》と留まっていることができなかった様子がよく窺われるが、明治維新後の日英関係を考えると、このときのパークス大使の薩摩藩訪問の意義は少なくないと考えられる。

地方の名士たちとの出会い

筆者が勤務した当時のヴェトナムでは、外交官が首都ハノイから出るためには事前の許可が必要で、しかも許可の出る行き先はだいたい決まっていた。ソ連、中国や、その他の共産圏諸国も、事情は同様だったが、さいわい現在では、北朝鮮以外には外国外交官に旅行制限を課しているような国は少なくなった。したがって、大使は任国のすみずみまで出歩くことができるし、また、そうしなければならない。筆者は、オーストリア、ベルギーでは、在勤中にすべての州を儀礼訪問したが、小さな国だからさほど難しいことではなかった。普通、夫妻で招待される。

アメリカ合衆国のような大きな国では、本土の四八州すべてを公式訪問することは、在任期間が相当長くないと難しいだろう。最近帰朝した柳井俊二前大使によれば、四年間在任して全州を訪問することを予定していたが、在任が二年に短縮されたので果たさなかった。それでもその間に二八州を訪問し、上院議員百名のうち六十名を儀礼訪問したということであった（註一八）。

筆者の在任したフランスでも、九五の県をすべて廻ることは不可能である。県の上にある二二の地方（Région）の地方議会（議長は上院議員）を訪問するのがせいぜいだろう。またフランスでは、主要都市の市長は有力政治家が兼ねていることが多いので、駐仏の外国大使たちはめぼしい都市を選んで儀礼訪問をしている。ある市に行ってみると、先月はアメリカの大使が来たと聞かされたり、芳名録でカナダの大使やエジプトの大使の署名を見つけたりする。同業者もみんな一生懸命お得意先廻りをやっているのが分かるのである。

フランスでは、目的地への距離がパリから五百キロ以内なら何とか車をとばして行ける。千キロとなれば飛行機に頼らざるをえないが、その中間の距離は列車となり、かえって時間がかかるということもあった。ともかく、昼前には目的地に着くようにする。たぶん、まず市庁舎で、歓迎レセプションがあり、そこには、その地方選出の下院議員や近隣町村の長なども出席しているだろう。市長の歓迎挨拶のあと、壇上からスピーチをしなければならない。ついで昼食会に移る。大使の隣は市長夫人と女性の助役か地方議会議員といったところだろう。あらかじめ、その地方の情況や問題をよく勉強してゆかないと話題についていけないことになる。ここでも食後に市長のスピーチがあり、もう一度答礼のスピーチをしなければならない。テーブルを離れるとき、写真集や地方の工芸品などの記念品贈呈を受け、大使夫人には花束が渡されるから、こちらもしかるべくお返しの日本的なお土産を用意しておかなければならない。

昼食会のあとは、市の自慢の建造物、たとえばロマネスクの教会とか、ルネッサンスの城とかを見学し、夕方、そこから数十キロ離れた地方議会のある小都市に向かう。県境で交代する先導のパトカーには、手を振って挨拶する。そこで地方議会議長を表敬訪問する。オーストリアやベルギーでは、州知事を訪問しなければならないし、向こうからも食事に招待されるだろう。しかし、フランスでは県知事は政府任命の公務員なので、通常は訪問しない。夜は旧市内のレストランで市長が有力者を集めての歓迎夕食会。こういう場合、パリとはいささか趣を異にして、お国言葉のくだけた雰囲気で、たいていは夜中までおおいに盛り上がる。
翌朝はまず一番に近郊にある特産品の製造工場を視察する。視察する先は、ガラス工場であったり、食器の製造工場であったり、あるいはキャンディーの工場だったりする。それが海岸地方であれば、当然、港湾施設や漁港の視察は欠かせない。内陸地方なら、牧場や乳製品の工場を視察するだろう。そこでは、もちろん日本の市場開拓の難しさについて苦情を聞かされることもあれば、日本企業の誘致について斡旋を依頼されることもある。担当官につないでフォローアップを約束することもあるかもしれない。しかし、総じてそのような問題は付け足しで、どこでも新しい日本の大使夫妻を歓迎するという和気藹々たるムードに満ちているのを感じることができる。

地方の大学や団体から講演を依頼されることも少なくない。日本の都市と姉妹都市関係を持つ地方都市を訪問することもある。オーストリアでもフランスでも、秋になると、よく葡萄の収穫祭に招待された。とくにフランスでは、葡萄酒製造組合から、名誉勲章の授与式に参加してほしいという招待を受けることがある。

毎年葡萄酒の仕込みが終わった十一月頃、たとえばブルゴーニュとか、シャンパーニュとか、あるいはサンテミリヨンとか、アンジューとかの同業組合は、製品のプロモーションを目的に、それぞれ葡萄酒好きの著名人、葡萄酒輸出入業者、レストランやホテルの経営者、評論家といった人たちのなかから三、四十人を選んで名誉勲章を授与するのが年中行事になっている。場所は古い葡萄酒醸造所だったり、近在の城だったりするが、そこでディナー・ジャケット着用の盛大な宴会を催し、その席で中世の騎士叙任式を模した勲章授与式をおこなうのである。

床まで届く派手な長マントを羽織った組合長がゴブレットに酒を注ぎ、それを飲み干してから勲章を胸に掛けてもらった招待客たちは、以後、その酒をおおいに飲み、かつ、宣伝することを誓うという趣向であるが、主客として招待された大使は、叙任された新騎士たちを代表して、最後に一場の演説をぶつのが恒例となっている。一種のショーであり、主客の大使は、いわゆる《客寄せパンダ》であって、しょせんパフォーマンスに過ぎないと言えばそのとおりであろう。しかし、これも大使が日本の存在を示すひとつの機会であり、地方の名士たちとの接触の機会でもある。

音楽の都ウイーンでは、音楽会やオペラの話題が欠かせないのは言うまでもない。秋の社交シーズンがはじまると、まずその夏のザルツブルグ音楽祭の話題でもちきりになるから、大使たるもの、音楽祭に足を運んでおくことは、個人的な趣味以上の必要があった。

ウイーンでもうひとつ重要なものに舞踏会がある。毎年十一月から翌年の六月まで、毎週どこかで大小の舞踏会が開かれているので、ダンスに堪能であればそれに越したことはないが、最低ワルツとフォックストロットくらい踊れた方がよい。なかでも、もっとも有名なのが謝肉祭に催される国立オペラの舞踏会である。この舞踏会は、ウイーン交響楽団の新年演奏会《ニューイヤー・コンサート》とともに、ウイーンで最重要の年中行事で、大統領はじめ首相、閣僚なども燕尾服で顔を揃える。ここでは、ダンスもさることながら、互いの桟敷を訪問しあって、シャンパンを飲みながら歓談するのが習慣なので、大使にとっては、職掌柄非常に大事な一夜である。

ブリュッセルでの国民的行事といえば、何と言っても、エリザベート王妃国際音楽コンクールであった。世界的レベルのこのコンクールには世界各国から若い音楽家たちが参加するので、一種音楽オリンピックの観を呈するが、ベルギー王室のこの音楽コンクールへの肩の入れ方はなみたいていではない。特に日本人音楽家が本選に残っている場合、大使は毎晩会場へ足を運ぶべきである。筆者の在任時代、ボードワン国王は健康が優れなかったが、ファビオラ王妃は毎晩のように出席して拍手を送っておられた。幸いにして三位以内に入賞すると、入賞者には王妃みずから賞状を手渡されるが、大使は入賞者に付き添って壇上に上る。日の丸こそないが、晴れがましい瞬間であった。コンクールが終わると、日本大使公邸で、コンクール参加者、評定委員、コンクール役員全員を招いてビュッフェ・ディナーを催すのが恒例となっている。

これらは筆者自身の知る例をいくつか挙げたに過ぎないが、どこの国にも、これに類する行事がいろいろあるに違いない。大相撲本場所の千秋楽に、土俵にのぼって、「ヒョウショウジョウ」と声をはり上げ優勝力士に賞品を手渡す外国大使たちの姿は、読者にもおなじみになっているだろう。このようなパフォーマンスは一見くだらないように見えても、大使のレプレゼンテーション任務のうちで、あながち馬鹿にはできない部分を占めるのである。

第六章　主権者の代理人　2

大使たる者は宜しく烏帽子直垂を着し、その体を厚うし、其道を正うして之に当るべし。
西郷隆盛

新しい任地に着任した大使は、前章に述べたようなプロセスを経て、徐々に任国の政界、官界、民間各界から、日本の代表として認知されていくわけであるが、それにはある程度の時間を必要とすることは言うまでもない。そして重要なのは、そのプロセスを通じて、彼が個人として評価され、尊敬され、任国官民に受け入れられるということである。それができるかどうかは、彼が任国の社会において、大使として良好な人間関係を築き、その上に立って、任国各界との間に円滑な対話とコミュニケーションを持つことができるか否かの鍵を握っている。

その間に、任国の人たちは、新大使の《品定め》をしている。「今度の大使に最近会ったが、なかなか面白い人物だった」などということは、案外早く噂として広まるものなのである。こうして、ある大使が任国で広く受け入れられるかどうかは、彼がその国で上層部にどれだけ深いアクセスを持つことができるかに関係してくる。

　そもそも本国政府が大使に対して抱く最大の期待は、任国の最高意思決定機関（大統領、首相、外相など）ないしはそれにもっとも近い機関に必要に応じてアクセスできるということである。

　それは、任国政府の最終的な意思がどこにあるかを把握、確認し、自国の意思を仲介者を通じることなく正確に伝達するという大使の任務遂行にもっとも重要なことである。

　実はこれはなまやさしいことではない。大使が忙しい外務大臣に会うことすら簡単ではないという現実があるからである。信任状捧呈後の懇談で、大統領は、「何かあったら、いつでも来て下さい。お会いしましょう」と言ってくれるかもしれない。しかし実際には、大統領のまわりには幾重にもガードがめぐらされている。

「貴使みずから、できるだけハイ・レベルで申し入れありたい」という訓令は、日本政府が問題を極めて重視している場合に発する訓令であるが、このような訓令を受けとったとき、どんなレベルに申し入れできるかは、大使の日頃の精進を試されるようなものだ。したがって大使は、常日頃、たとえば大統領官邸の顧問、あるいは外務大臣官房の補佐官などのキー・パーソン何人かに狙いをつけ、いざというときにはとっさに無理を頼める間柄になっておく必要がある。そして、それを可能にするのは、大使に対する個人的な尊敬と信頼なのである。

　とは言っても、最上層部へのアクセスという問題は、任国の事情、日本と任国との関係の濃淡などに左右され、単に大使の努力と力量だけで決まるものでないのも事実である。たとえば、日本と例外的に濃密な相互関係のある米国の駐日大使に日本で許されるのと同じことが、どこの任国でも日本大使にできるかというと、それはできないと言わざるをえない。

池井優氏の『駐日アメリカ大使』を読むと、歴代のアメリカ大使が日本の最上層部と常時緊密なコンタクトのあったことが記されており、日米関係の緊密さと米国の対日影響力の大きさにあらためて感慨を覚えずにはいられない。在外大使の任国上層部へのアクセスの難易には、相互依存関係の深さと影響力の大きさによって、差が出て来るのは何とも致し方のないところなのである。

しかし、かつて日米戦争回避に心血を注いだグルー駐日大使に対する日本朝野の待遇は、戦後のアメリカ大使が享有したような待遇とはまるで異なるものだったと思われるが、そのグルー大使が一九三八年十一月、日米協会でおこなった演説の一節を引用しておきたい。グルー大使が日本に在任したのは、外国人、とりわけアメリカ、イギリスの外交官との交際に対して特高や憲兵隊の監視が厳しくなっていった時期であるが、それにもかかわらず、彼がいかに日本朝野との個人的接触に努めていたかがわかる（註二）。

「大使は国々がそれにもとづいて行動する思想と勢力の間の相互的調整の代行者であります。事実国際紛争は、根本的の不一致よりも、あいまいな誤解と猜疑にもとづいておこる方が多いのです。かかる場合われわれは、表面の下で振動し、われわれが書き、あるいは語るものよりも、もっと効果的な、一種のエックス光線的言語に頼らなければなりません。そしてそれは、個人的接触によってのみ生じるのであります」

大使はひんぱんにもてなすべし

こうして大使が任国で広く受け入れてもらうために重要な意味を持ってくるのが、交際あるいは社交（social functions）という活動である。それは、農作業にたとえれば、畑を耕し、肥料を与えることで、莫大な労力、努力、時間を要する作業だ。ニコルソンも『外交』のなかで、「大使はひんぱんにもてなし、盛大な公式晩餐会や舞踏会を開き、絶えず非公式な食事に招くことが期待される。彼は、駐在国の著名な、または有力な人物と親しくし、任地の産業、美術、スポーツ、文学に活発な興味を示し、地方を訪れ、農工の状態に精通することが要求されるが、こうしたことはすべて時間をくう仕事である」と述べている（註二　註三　註四）。

のちの枢密顧問官牧野伸顕は、日露戦争前にイタリア、ついでオーストリア・ハンガリア帝国駐在の公使を勤めたが、その経験から、大使にとっての社交の重要性を強調し、「徒労のように見えるが、やはり何か問題が起きた場合は平生懇親の間柄でなければ話が円満に出来ないのであって、政府との折衝は事務的なことが主であるから構わないが、情報を得たり、各種の便宜を図って貰ったりするのは任国の各方面と連絡を保ち、個人的に信用を得る」ことに務めなければならないとして、大使が社交の労を厭ってはならないと説いている（註五）。

外務省先輩、菊池寛士氏（アルゼンチン在住）は、同じ趣旨をより具体的に次のように論じている（註六　註七）。

「外交手段の本質はコミュニケーションにあるが、その最高のコミュニケーションの場は、ディナーの席である。同じテーブルについて幸せだったと思われる人、清々しい印象を与える人、楽しい人、ためになったと喜ばれる人、このような人達なら、相手側も、もっとゆっくり会ってみたいという気にもなり、難しい話をしてもスムーズに聞いて貰えようが、退屈な人間、行儀が悪く不愉快な人間、無口でただ食べるだけの人等は、軽蔑されてしまい、二度と会いたくないという気持をもたれてしまう。そんな人間が場所を改めた交渉のテーブルで、いかに正論を主張しても、右から左に聞き流されてしまうのがオチだ」

サロンにとびかう情報

「パリの交際社会の多くの婦人たちは、自分の請け日をもっている。どこの公爵夫人は何曜日、どこの大使夫人は何曜日というふうに十二月から翌年の六月のはじめ、ロンシャンの競馬の日までそれが続くのである。そして、その請け日、請け日には多くの人たちが集まって来て、よいことわるいこと、そこでうわさもされ、話題にも上るのである。ただ、パリのような大都会では、男はほとんど例外なく忙しく立ち回っている。日本大使のごときも、まさにそのとおりである。したがって、私は知り合いの婦人方の所には交際季節の間、一度は顔を出すが、あとの請け日には妻に私の分も務めてもらうのを常とした。この点では、深く女房のありがたみを感じたわけである。そのかわり妻はたいてい、毎日三軒、四軒のサロンを駆け回らざるをえなかった。そのうえに昼食会とか、夕食会とか、その他いろいろの催しによんだり、よばれたりするのである。よその例をならって、妻も隔週請け日をもうけて知人を請ける（英語でいうre-ceive——筆者註）ことにしていた。こちらから外を務めれば務めるほど、向うから来る人も多くなり、午後の三時間ばかりの間に百人や二百人ぐらいの人が入れ代わり立ち代わりやってくる」

「女主人としては、自分のサロンに寂しからぬほどの人が集まり、しかもそれが社会上の地位もあり、すじのいい人たちの喜んで来るようになることをのみ願うのであって、それに成功すればすぐ人々の間のうわさに上り、だれそれ夫人のところには、こういう人も来る、ああいう人も見えるというので評判になるわけである。そういうことのために、日本大使の夫人も一生懸命努めさせられるのである。もちろん、珍しいお菓子やつまみ物などしつらえて、気持ちよく自分のところでひとときを過ごさせるのが、また女主人の腕でもあり、またその人がらにもよるのである。われわれの大使館（公邸）では、ヨーロッパの大国並みにはとうていゆかないにしても、それでも大きな夕食会を催して、大統領夫妻を招じたり、その他政治家、実業家、軍人、文化人など名の聞こえた著名人をよんだり、同僚の大公使に来てもらったりするほか、大統領を招じた夕食会のあとのごときは、引き続いてソアレーを催し、二百人や三百人の人たちを集めることもしなければならなかった。およそ一シーズンの間、こういうような公式の宴会は、大小二十回を下らなかったろうと思われる」(註八)

以上は、佐藤尚武『回顧八十年』から、駐仏大使時代(一九三四年ないし三六年)の関係部分を引用したものであるが、その頃の大使夫妻の社交生活が雄弁に語られている。あらためて感心するのは、第二次大戦前のパリには、定期的に知人、友人の訪問を受ける(recevoir)日を決めておく《請け日》の習慣がまだ残っていたことである。これは、封建社会の貴族の夫人たちが持っていた《サロン》の制度から引き継がれたもので、第三共和制下のパリでは、サロンを開く婦人たちのなかには、かつてのスタール夫人ばりに一定の政治的役割を果たす野心をもって、サロンに人を集める者もあったという。つまり、上流夫人や大使夫人たちのサロンには、貴重な情報が飛び交っていたのである。

筆者たちにとってはさいわいなことに、戦後のパリではこの習慣は廃れていた。しかし、《サロン》や《請け日》こそなくなっても、上層階級の人たちが頻繁に招待し合い、外を務めれば務めるほど向こうから来る人も多くなり、社会的地位の高い人たちに喜んで来てもらうことに成功すれば、だれそれのところにはこういう人も来る、ああいう人も見えたと評判になり、うわさにもなるという仕組みは、現在も昔といささかも変わっていない。佐藤大使自身、社交につとめることは、「実際ごくろうさまといわねばならず、また時間つぶしでもある」と告白しておられるが、それにもかかわらず、あえて努力されたからこそ、「私たち夫婦はさいわいに、ほんとうに友だち付き合いをすることのできた二、三のフランス人を持っていた。そしてかれらを通じて、またそれからそれへと手を伸ばしていく便宜もあった。そのためにフランス人のいなかの貴族の領地にも行き、シャトー（城）にも招かれたこともある」と書くことができたのである。とりわけ、成功の秘訣は、腕と人柄にあるというくだりは、まことに教訓的である（註九）。

交際のルール

外交官というと、すぐに《パーティー通い（party goer）》であり、お茶会でクッキーをすすめる（pushing cookies）者だとからかわれることがあるが、これは、外交官の活動に占める社交の割合の大きさを茶化したもので、欧米ですら、そういう見方は拭いきれない。まして社交という観念も習慣もない日本で、その重要性が理解されにくいのは仕方ないことかもしれない。

もともと西洋の社会では、親しく付き合おうと思ったら、互いに自宅に招きあうのが常識である。それはなにも上流階級とか社交界などに限った話ではなく、普通の庶民の間でもおこなわれていることで、外国に駐在する外交官は、当然、その常識に従うものと期待されている。「私は交際という習慣のない東洋の国から来た者です。ですから西洋の習慣には従いません」と言えばそれまでの話かもしれないが、それでは、絶対にその国の社会に受け入れてもらうことはできない。それでは外交官は務まらないのである。

社交とは、つきつめて言えば、互いに自宅に招き、招かれることである。とすれば、それを頻繁におこなうことができるための第一条件として、生活圏が一定限度、たとえばパリ市内、ニューヨークならマンハッタンのなかといった圏内でなければならないということがある。東京で言えば、みんなが山手線の内側に住んでいるのであれば、交際も不可能ではないだろう。しかし、横浜の人もいれば、小金井の人も、千葉も埼玉もいるということでは、普段の交際などとうてい不可能である。同じ理由で、外国にある大使公邸の選択に当たっては、交通の利便さを重視しなければならない。郊外にある公邸は好ましくない。館員もできるかぎり便利なところに住めるようにすべきである。

吉田首相時代のこと、外務大臣公邸での晩餐会に陪席したある外務省員が閉宴前に退席したため、エチケット違反を問われて内定していた栄転人事を取り消されたという事件が話題になったことがある。千葉に住んでいたこの外交官は終電車に乗り遅れたくなかったのである。

戦前の日本に駐在した外交官の日記や回顧録などを読むと、日本でも戦前には、上流階級や外交団の間でしきりに社交がおこなわれていたことが分かる。しかしそれは、みんなが赤坂、青山、麻布、白金あたりに住んでいたからできたことであろう。もちろん、住宅事情とか使用人とかの問題もある。

だが、それ以前の問題として、現在の東京のような広い生活圏では社交は成り立たず、したがって社交という西洋の習慣に外交官がなじまなければならないということへの理解も得にくい。そういう環境から世界に出ていかなければならない日本の外交官は、初めから大きなハンディキャップを背負っているわけで、外交官たらんとする者は、若いときから、せめて外国勤務の間に心掛けて社交を学び、自宅に外国人の友人を招待して修練に努めなければならない。上のポストについてからでは間に合わないのである。

一九六〇年、筆者が三等書記官としてエジプトに赴任が決まったとき、カイロから帰朝したばかりのある先輩に挨拶に行った。するとこの先輩は、「できるかぎり頻繁にエジプト人や外国の外交官を自宅に招待しなさい。それも一回に大勢招んだのではだめ。これはと思う人と本当に親しくなろうと思えば、夫妻を一組ずつ招いて、一晩じっくりもてなしなさい。そうして君が離任するとき、そのうちの一人が君を自分の車で飛行場へ送ってくれたら、君はよくやったということになる」と言った。昔の先輩は良いことをアドヴァイスしてくれていたのである。

いったい、社交の基本的な形である、人を自宅に招くという行為は、自分が何者であるかを相手に知らしめる自己表出の一手段と言ってよい。したがって、どんなに高級なレストランに招待しても、絶対に社交の成立要件を満たすことにはならない。料亭、レストランは彼自身のものではないからである。人間は言葉によって、表情によって、身振りによって自己を表現するが、彼が身にまとう衣類によっても自己を表現するし、さらには彼が起居する家によって、もっともよく自己を表出する。

大使も、その社交活動の主たる場としての公邸を通じて、彼の生活を公開し、その趣味、教養、ひいてはその人格を一般の審査に晒《さら》さなければならない。そしてさらに彼の場合は、大使公邸が彼個人とともに日本とは何であるかを示すことになる。したがって外交官にとっての社交活動とは、人を招き、人に招かれるという双方向のアンガジュマン（参加）を通じて、個人レベルの人間関係を、国家間の関係の処理に一体化させることと定義することもできるだろう。

いずれにしても、外交官の社会は発生的にもいわゆる交際社会（mondanité）の性格を持つ。そこで外交官が成功するためには、交際社会の一定のルールをわきまえておく必要があるのはたしかである。しかしそれは、十分体験的に習得可能なものであり、しばしば世間で誇張して言われるほど特殊なものでも、複雑なものでもない。

要するにそのルールは、作法（savoir-vivre）と言いかえることができるものである。それは基本において、自分以外の者に対する思いやりの気持と公正な精神とのふたつに帰することができる。それに多少の良い趣味が加わっていればよいのであって、要するにそれは良識以外の何物でもない。もちろん、作法も進化するものであるから、二一世紀には二一世紀の作法があることは言うまでもない。

公邸の主は日本国の権威

大使公邸の訪問客は、まず公邸そのものを評価する。日本の大使公邸がかりにその国にあるドイツやイギリスの大使公邸に見劣りするものであれば、人々の心理のなかで、日本の地位はそのように位置付けられてしまう。これは主権国家への尊敬の念に関するだけに、ことは重大である。比喩的に言えば、公邸に住んでいるのは大使ではない。日本国の権威が住んでいるのである。大使はいわば二階の間借人というところだろう。

パリのイギリス大使館

この点は日本で特に認識が不足しており、大使公邸が単なる大使の住居、つまり日銀支店長社宅や県警本部長官舎と同列に観念される結果、贅沢だとか、華美だとかの批判を浴びることがある。しばらく前のことであるが、ヨーロッパのある国に勤務した学界出身だが活動範囲の広さで知られたある女性大使が帰国後、週刊誌のインタヴューに答えて、「大使は豪邸に住めるからいいわよ」という返事をされたのを見て、彼女のようなレベルの高い人でも公邸に対する認識がその程度だったのかと失望を禁じえなかったことがある。大使の職場は事務室や会議室に限られるのではない。宴会場はもっとも重要な職場であり、公邸は、彼にとっては住居であるより、その社交活動の中心なのである。ちなみに、通常、公邸は公的部分と住居部分に分かれ、住居部分に居住する大使は、一定額の公邸使用料を支払う。たまたま筆者が大使として住んだ公邸の住居部分は、いずれも豪邸どころか、はなはだ住み心地悪いものばかりだった。

ついで大使公邸の訪問者は、公邸がいかに整備され、手入れが行き届き、調和のとれた調度品を備え、趣味のよい美術品で飾られているかを評価する。日本の場合、家具、調度品、美術品は備品であるから、前任者からのものを引き継ぐのが原則で、個人的な趣味の違いを主張できる範囲は極めて限られている。これと対照的なのが米国の場合で、裕福な「政治任命」の大使は個人的な美術コレクションを持ち込んでくるから、大使が代わると、公邸の美術品まで、印象派から抽象画にがらりと替わったりする。あるドイツ大使公邸には素晴らしいアルブレヒト・デューラーの肖像画があったので、訊ねてみたところ、ドイツ外務省と国立美術館との間に協定があって、美術館所蔵の作品を公邸に借り受けることのできる制度があると聞いた。

日本の場合は、大使公邸の持つ文化発信機能への認識が低いためか、このような制度が実現できる見込みは少ないようである。現状では、外務省が細々とした予算で現代画家の作品を購入しているが、大使公邸には、芸術的評価の確定した存在感のある美術品が是非必要だと思う。

サロンでは、客人たちは、美術品だけでなく、美しく飾られた花に眼を注ぐ。どこにどんな花を飾るかは、ひとを招待する場合に気を配らなければならないポイントの一つだ。特に女性の客人は決して花を見逃さない。西洋流のフラワー・アートも見事だが、日本の大使公邸ならやはり日本の活け花は必ず注目される。活け花を稽古しているという外国婦人も少なくない。花を愛でる気持ちは万国に共通するので、飾られた美しい花を見て、客人たちは、花を活けた人の心に共感を覚えるだろう。

いよいよ食堂に通されると、人々の目をひきつけるのは何といっても食卓の飾り付け（テーブル・セッティング）である。それは、その食事の性格や季節などの条件に合致していなければならず、必然的に主人、主夫人の趣味が反映されることになる。したがって、テーブル・セッティングには、これからはじまろうとする食事への評価を方向づけるくらいの重要性があると言ってよい。

それにも増して重要なのは、招待客の選択と席順だ。まず主賓として誰を招待するかの問題があるが、次いで相客としての招待者を選択しなければならない。かりに主賓が元首相だったと仮定すると、相客には主賓より先輩格に当たる人は避けるのが定石である。その元首相が保守党なら、左翼系の人は避ける。左翼系なら、保守党の人は避ける。そして政治家、外交官に偏らず、実業家、学者、芸術家など幅広い範囲の人を集めるように配慮する。

出席者が決まったら、細心の注意をもって席順を決めなければならない。外交社会で席順がいかに重要視されるかは先にも触れたとおりで、席順に誤りがあった場合の責任は、弁解の余地なく主人自身のものであるから、テーブル・プランは必ず大使自身がチェックしなければならない。というのも、誰が誰より上席であるかという問題だけではなく、隣同士や向かいに座る人たちの関係も考えなければならないからである。

筆者がウイーンに勤務していたとき、公邸でのある晩餐会の招待客のなかにある西欧カトリック国の大使と法王庁使節がいたが、この大使が食卓で両腕を組み、いつになく不機嫌で、食事が終わるとそそくさと帰ってしまった。筆者は、彼が離婚問題に絡んで、法王庁使節と犬猿の仲だということを知らなかったため、そもそもこの二人を一緒に招《よ》ぶべきでなかったのに、その上、二人を向かい合わせに座らせてしまったという失敗であった。

食卓のハーモニー

だが何にも増して、テーブルで交わされる会話の質が最大の重要性を持つことは、先に引用した菊池寛士氏の文章で強調されているとおりだ。もともと食卓の会話とその雰囲気は、食卓に座った人たち全員によって作り出されるのではあるが、そのハーモニーをつくるのは主人と主夫人であるから、その役割はコンサートマスターに似ているかもしれない。彼らは必要に応じて話題を提供したり、質問を投じたりするが、もちろん会話を独占してはならないし、会話の中心からはずれてもいけない。そして会話の流れに絶えず注意を払い、親密で明るく、安らぎのある雰囲気をかもし出すことに努めなければならない。主人側の気配りが十分行き届くためには、主人、主夫人を中心に七人ずつ向かい合って一四人のテーブルであることが最適であるが、公邸には少なくとも二四人が座ることのできる食堂とテーブルが必要である。イギリス式では、主人と主夫人が両端に相対して座るが、やはり主人と主夫人がテーブル中央に座る大陸式の方がコンサートマスターの役割に適していると思う。筆者は、任地在住の日本人演奏家にお願いして、食事前に小一時間程度のコンサートを催し、いつも好評を得たが、こういう場合は、招待客は四、五十人以上となる。

参会者の間の会話にもっとも重点を置くという意味では、食後のサロンでのコーヒーと食後酒（ディジェスティフ）の時間も重要である。日本の政治家は、食事がすむやいなや、わがこと終われりとばかり、潮のように引き揚げていくが、これはひどく失礼に当たることである。食後の時間には、主人と主夫人は、お客の間を丹念にまわって、退屈している人はいないかを確かめる。このあと、お客がゆっくり残ってくれるかどうかが、その会が成功だったかどうかを計る目安となる。「時間の経つのを忘れました」と言って、お客たちが真夜中過ぎまで残ってくれれば大成功だ。

こうして仕上がったその夜の集まりの内容とそれを包む空気との全体が、主人と主夫人の作品として、彼らの人間性を表現するものとなる。そして客人たちの大使に対する評価は、それを通じて彼の代表する主権国家への尊敬に繋がるということを忘れてはならない。

かつてド・ゴール大統領は、「大統領官邸でおこなわれる行事は、フランスの栄光にふさわしい威厳を持たなければならない」と言ったが、大使公邸における行事もそれに準じて考えなければならない。客人たちが精神的満足と友情に満ちて公邸を後にするとき、彼らは大使と大使夫人の人柄や教養に印象付けられるとともに、日本という国にも敬意を払いつつ家路につくことになるのである。

公邸料理人の出番

「わらわは、祖国のために食す（Je mange pour la patrie.）」とは、ルクセンブルグ大公国のシャルロット大公妃（ジャン大公の母君）の言葉で、外交における食事の重要性を示すものとしてよく引用される。俗に大使が持つべきものが三つあり、その第一が料理人と言われる所以である（相場では、第二が次席館員、第三が大使夫人ということになっているらしいが、次席館員についてはすでに触れた。大使夫人については、追って述べたい）。

外国使臣を供応する中国宮廷の食卓の豪華さには昔から定評があった。ヨーロッパでの美食外交の元祖はタレーランとされている。一八一五年、ナポレオン失脚後の新しい勢力均衡を討議するために開かれたウイーン会議に、敗戦国代表のタレーランは、のちにフランス料理の完成者として名を残すマリ・アントワンヌ・カレームを伴って乗り込んだ。そして、カレームが腕を振るった饗宴のかずかずが会議における敗戦国フランスの利益確保に貢献したという話である。

日本の現行の制度では、公邸料理人は、大使が自ら個人的に選択し、雇用契約を結び、給料を支払う（ただし、給料の一定割合に対して公費から補助が支給される）。言うまでもなく、腕も人柄もよくて働き者という適任者を得ることは、大使にとってなかなかの難題であり、苦労が絶えない。大使館が雇員として雇用する方が合理的ではないかとの見方もあるが、料理人は、仕事上、四六時中大使と起居をともにし、大使の私生活にもかかわるわけであるから、個人的な雇用者、被雇用者の関係にあった方がやはり実情に適しているのである。

いずれにしても、公邸使用人全員にあてはまることであるが、大使夫妻は特に料理人との人間関係に最大の注意を払わなければならない。規模の大きい公館では、料理人一人では間に合わず、二人以上が必要となる。その場合は、その給与はとても大使の懐では賄えないから、一人は大使館が雇用するということもある（なお、フランス大統領官邸には見習いも含めて数十名の厨房スタッフが働いているが、彼らは毎月約三千人分の食事をつくるというから、日本大使館は、その規模において、とうてい比較にならないほど小さい）（註一〇）。

公邸を使っての社交活動の形式としては、レセプション、カクテル・パーティー、婦人方のお茶会、昼食会、晩餐会などが主なものであるが、大人数のレセプションはホテルなどからの仕出しとせざるをえないから、公邸料理人の出番は焼き鳥、バーベキューなどに限られるだろう。したがって、彼の活躍の場は当然、昼食会、そして特に晩餐会である。

昼食会にしても、晩餐会にしても、それが食事の会である以上、料理の質が良いに越したことはない。それは言うまでもないところであるが、それ以前に重要なのがメニューの選定とそれに合わせた葡萄酒の選択である。メニューには、主人の心遣いがこもっていなければならず、回教徒に豚肉を出さないとか、ヒンズー教徒に牛肉を出さないといったことはイロハであるが、狂牛病問題のやかましい昨今、牛肉の扱いが難しくなったのは、メニュー作成上の大きな制約である。先頃筆者がパリに短期滞在した際、招待された食事の主菜が三回とも鮭だったので往生したのは、その影響であろう。

同じお客に同じ料理は出さないというのも、ごく基本的な気くばりであるが、アレクシス・ジョンソン米大使の回想録（註一二）によると、ヘンリー・キッシンジャーは、「日本大使に昼食に招待されると、決まってウインナー・シュニッツェルが出てくるとこぼしていた」そうである。事実とすれば、初歩的なミスというほかない。

原則問題として、メニューの選択がお客に対応して決まるのはしごく当然である。『エリゼ宮の食卓――その饗宴と美食外交』の著者西川恵氏は、招待客によって変わるメニューに隠されたメッセージを読みとる分析に取り組んでいる。西川氏によれば、「前菜、主菜、デザート。それと組み合わされたワインとシャンパン。細心精妙に練り上げられたメニューを仔細に見れば、客人をどのようにもてなしたいかというホストの思いと姿勢が、そこから立ち上がってくる」という（註一二）。

歴代大統領のなかでも、メニュー作成に特別のこだわりを持ったのはミッテラン大統領だった。大統領官邸の料理長、ジョエル・ノルマン氏によれば、彼の提出するメニューの案に大統領は万年筆で書き込み修正をするのが常だったが、健康の悪化した末期においては、案を五回出し直しても大統領の気に入らなかったという（註一三）。

ミッテラン大統領がそこまでこだわったメニューには、まさに賓客自身に対する大統領の評価とその訪問の外交的意義に対する評価の双方が反映していると主張する西川氏は、具体例を挙げて比較検討の上、大統領の意図について興味深い解釈を下しているが、メニューの裏にそれだけのものが隠されているとすれば、招待者はテーブルについたら、まずメニューを手にとって、ホストの思いに注目すべきだろう。

エリゼ宮の食卓のメニューに最後までこだわったミッテラン大統領

ディナーは真剣勝負

筆者自身は外国人の客にはフランス料理を原則とした。理由は、口に慣れたものほど、人の喉を通りやすいということにすぎない。例外は、ミッテラン大統領が日本食を好むと聞いて、日本食の昼食会に招待したときくらいだ。そもそも、物めずらしいものを出して、食事の間中、その話に終始するというのは誉められたことではない。ミッテラン大統領は、食事の間中、ついに日本食の話は一言もしなかった。もちろん、最近では外国人の間に一種日本料理の流行があるから、刺身や寿司くらい珍しくなくなったかもしれないが、それにしても、鶴を招いて皿を出し、狐を招んで細長いコップを出すイソップ寓話に類することは避けなければならない。

日本人の陥りやすい誤りは、とかく品数を多く出したがることである。エリゼ宮の前料理長でノルマン氏のボスでもあったマルセル・ル・セルヴォーは、「エリゼ宮の饗宴の豪華さを決めるものは品数ではなく、シンプルだが、真に洗練された内容である」という考えから、「品数の構成を前菜、主菜、つけ合わせ、それにチーズとデザートとした」（註一四）。つまりスープと前菜が重なったり、主菜に魚と肉の両方が出るということはないということである。日本の結婚披露宴のように、これでもかこれでもかと品数ばかり多いというのは論外としても、魚と肉の間にシャーベットまで出すというのはいかにも田舎臭いだけでなく、たしかにメニューに哲学がないということになる。

質について言えば、さすがのエリゼ宮の料理でも、専門家の評価はミシュランの星二つのクラスということである。したがって、日本大使公邸の料理がそれより格下でも別に恥ずかしいことはない。グルメ流行の昨今ではあるが、大使公邸の饗宴に関する限り、一応まっとうな料理が出せればそれでよい。大使公邸の晩餐会は、《口腹を満たす》ことが目的ではないのだから、美食が所望なら高いお金を払って三ツ星レストランに行って下さいと割り切っていて構わないと思う。

問題はメニューの選択にいかに心がこもっているかということ、それをいかにお客にくみとってもらえるかということである。

その意味で、一番重要であり、かつ難しいのは葡萄酒の選択だ。オーストリア帝国の外相メッテルニッヒは、ナポレオン戦役の最中、フランスの葡萄酒がなければ外交はできないと皇帝フランツに掛けあって、敵国から葡萄酒を輸入させたという逸話があるくらいである。

しかし、どんな料理にどんな葡萄酒を出したらよいかということは、ちょっと素人の手に負えない問題で、これが間違っていると軽蔑されることになる。金にあかせてグラン・クリュの年代ものを出せばよいというものでは決してない。素直に専門家の意見を聞くべきで、通ぶるのは一番みっともないし、大怪我のもとでもある（もちろん基本的な常識は持っているべきだが）。

以上、社交について縷説したところを、菊池寛士氏があますところなく的確にまとめておられるので、その文章を借りて結論としたい。

「いかに美しく茶を楽しむかという茶の湯の精神は、日本の専売特許ではない。教養ある外国人は、いかに客を迎え、いかに美しく食事を楽しむかという事に真剣に取り組み、全能力を傾注してディナーの目的や主客に合ったメニュー、飲み物の組み合わせに心を砕き、招待客リスト、席順の作成に頭を悩まし、そしてテーブルの飾りつけに趣向を凝らす。こうして客の到着を待つ主人夫妻の気持ちには、時には真剣勝負に臨む昔の武士の心境に似たものがあると言ってよい。ディナーでは、相互の人物評価が下されるからだ。もとより、主人夫妻も、ディナーの雰囲気を盛り上げるのに貢献した客の順から、点数をつけていくのである」

大使夫人の役割

さて、公邸における大使をエリゼ宮における大統領に擬するとすれば、大使夫人の役割も、大統領夫人のそれに準ずると言っても言い過ぎではない。その大統領夫人の役割について、ベルナデット・シラク現フランス大統領夫人は、こう言っている（註一五）。

「私はエリゼ宮の面倒を見ています。一八世紀のこの素晴らしい建物はしょっちゅう修繕したり、手入れをし、改修したりしなければなりません。私は厨房の人たち、花の係、その他大勢のスタッフと仕事をしています。私は、エリゼ宮に外国の元首や首相をお招きするとき、この宮殿がフランス人の名誉となることを望んでいるからです。私は、それが私の任務であると考え、喜んで一生懸命に努めています」

料理長のノルマン氏によれば、シラク夫人は「しょっちゅう厨房に顔を出し、そこで働く料理人たちと会話を交わして行く、細かいことによく気の付く、公平で、趣味の良い、しっかり者の家庭婦人」と評しているが、家庭の主婦が家のことに責任を感じるのと同じように、シラク夫人はエリゼ宮のあり方に責任を感じているのだろう。

しかし、シラク夫人が彼女の《任務》と考えているものは、政府によって与えられた義務でもなければ、そのために報酬を受け取ることのできるものでもない。それは、大統領夫人としての大統領任務の分担であり、奉仕であるといってよいだろう。現に、L'Express誌によれば、中傷やゴシップの渦巻く大統領官邸でのこの《任務》の負担は非常に重いので、ド・ゴール大統領の留任か否かを決める一九六九年の国民投票では、ユーモアで知られるド・ゴール夫人は反対投票すると冗談を言ったくらいだったという。ド・ゴール夫人にとっては、一日も早くコロンベイの隠退生活に入ることが希《ねが》いだったのだ。

たぶん、大使夫人たちのなかにも、早く故国に帰って、家族といっしょに気楽に暮らしたいと希っているひとは少なくないだろう。大使の任務の分担である大使夫人の《任務》も、大統領夫人の任務に比べられるくらいのものがあるからである。この点について、佐藤尚武『回顧八十年』に「妻も有能な外交官」と題する一節があるので、次に引用してみたい(註一六)。筆者は、大使が任地で成功するために持つべきものの第一はこのような妻であると信ずる。

「日本とは著しく違った外国の生活、ことに社交界の生活には、一般に日本婦人は、非常な試練を受けねばならぬ。そして、はすっぱな表面的な、はでな生活を見習って、得々たる婦人になってしまうか、さもなければ各方面からする圧迫感のために、ややもすればヒステリーになりがちの外国生活に耐えて、そして外国人の中に突進してゆくのは、日本婦人にとってはかなりの負担である。しかるに、このような婦人の負担がいかに大きなものであるかということについては、日本の社会ではいっさいむとんちゃくである」。「私はよくいうことであるが、小村(寿太郎)さんは日本の外交官の細君連は、芸者商売と一つであるといわれたそうで、そしてその意味は、貧乏な日本外交官では内は火の車でも外は張ってゆかねばならぬというのであるが、私はそれに付け加えて、日本の外交官は夫婦ともかせぎでなければならぬというのである。つまり、細君も社交界の重要な務めを果たして、夫を助けてゆく必要があるということである。文子にとっても、これは非常な難業であったに相違ない。彼女はきわめて内気な方であった。それが外国人の社会」、「そのまっただ中に、一日本婦人がなんらの縁故もなく飛び込んで行くというのには、非常な覚悟を必要とする。内気な文子もだんだんもまれて経験を積み、ベルギーに行ったころはだいぶん楽になった。パリ大使夫人としての三年は彼女が全力を発揮した時代であって、交際季節中の彼女の働きは私の目にも不思議とさえ思われるほど、活動的であった。広いそしてぜいたくな、いわゆる花やかなパリの社交界で、日本大使の存在を確保し、どこに行っても大使夫妻の存在が認められるようになっていたことは大部分、文子の努力のおかげである」

公的責任を負う私人

ところで、現代では女性の社会進出が進み、女性の意識も、変革著しいものがある。とくに日本では、現代女性の心理や生態を戦前の女性と比べること自体がほとんど無意味と言ってよいくらいの変化が生じた。もちろん、社交に不慣れという意味では、日本女性のハンディキャップは、今も佐藤大使の時代と少しも変わりはなく、外交官夫人たちの苦労は、今も昔も変わっていないということは言える。

その反面、無視できない変化が生じているのも事実だ。その一例は、妻が夫の勤務地に同伴しない、いわゆる《単身赴任》が増えているという社会現象である。かつては、外交官夫人は、夫に同伴して任地に赴き、夫人の立場から夫の職務を補佐するのが当然の義務ないし常識と考えられていた。そしてそれは、外交官の子弟、家族に相当の犠牲を強いるものであったから、たしかに、そこにはそれなりの問題が潜在していたことは事実である。

現在、それはもはや当然でも常識でもなくなり、子女の教育、老人看護などの家庭的事情で、妻が夫に同伴しないケースが増えている。妻が自分の職業を持っている場合もある。女性の社会的地位は変わり、家庭を優先する個人の権利は尊重されなければならないという社会的背景から考えれば、このような現象が生じるのは当然であろう。

だが、これは外交にとっては一つの問題点であることを免れない。配偶者の自主的な協力を当然かつ無償の行為とみなすことは、もはや時代に即さないのかもしれないからである。

たとえば、館長が公的な夕食会を催すに当たって、ある館員に陪席を命じた場合、その館員の妻が同伴することは義務だろうか？　義務ではないとしても、当然のこととして期待してよいのか？　その夕食会に夫婦で出席するためにベビーシッターを雇わなければならなかった場合、その経費は個人負担なのか？　大統領官邸のように専門のフラワー・アーティストを持たない日本の大使公邸では、たいていどこでも、《お花当番》という制度がもうけられている。当番の館員夫人が花屋で花を買い、公邸のレセプションや夕食会に備えて花を活けるのである。館員夫人はこの《ボランティア活動》に参加しない権利はあるか？

これらの問題は、現在は大使夫人と館員夫人たちの間の人間関係の範囲内で処理されているが、そのこと自体がすでに大使夫人の負担においておこなわれていることは、認めなければなるまい。

アメリカ国務省は、一九七二年、外交官夫人は夫の外交活動参加になんらの義務も課せられないと通達した。つまり、外交官の夫人であるために、パーティーへの出席、慈善バザーの準備、本国から来訪する要人の接待などのいかなる活動への参加も義務付けられないということである。この通達が出されるに至った経緯には、このような活動への半義務的強制に対する夫人たちの抵抗と抗議が高まっていたという背景があったと想像される。

しかし、この国務省通達について、当時、あるアメリカ外交官夫人がこう語ったのを今でも忘れられない。

「ある日突然、あなたはなんの義務も負っていませんなどと言われても、ではその日から私はもう夫といっしょにパーティーには出ません、夕食に人も招きません、なんていうことができるでしょうか？　私の夫は外交官であり、私はその妻であることには変わりはありません。だいたい、外交は公のことで、私は一私人に過ぎないなどと言ってみても、私が外交官夫人であるという事実には何の変わりもないのですもの」

大使夫人もまた、大使と同じく、公的責任を負うべく定められた私人なのである（註一七）。

第七章　完全なる大使

前章までに見たような任務を持って外交に携わる外交官は、いったいどのような人間であることを求められるのだろうか。次にこの問題を俯瞰《ふかん》してみたい。

外交とは、国と国との関係、政府と政府との関係であり、その相手は、別の主権国家であるから、ある国の意思は相手国の同意がなければ実現されることはない。そしてその実現は、いかなる法律も手続きも規範もない交渉を通じて初めてもたらされるのである。そのプロセスがまさにアーネスト・サトーの言う《知性と技巧の応用》ということであろう。そう考えると、社会科学の一分野に属する行政のなかで、外交だけは、科学であるよりは、むしろ芸術（アート）というに近いのではないかとさえ思われてくる。さらに言えば、外交は国際関係を処理するといっても、《知性と技巧》を使って交渉を担当するのは生きた人間であるから、つまるところそれは、抽象概念としての冷たい国家関係であるよりは、人間関係そのものだと言って過言でないこととなる。それ故外交においては、交渉者（芸術家）の個人的資質は、交渉の結果を大きく左右することになる。外交においても、ものを言うのは人間なのである。

このような大使の個人的資質については、古くからずいぶん議論があったようで、一八世紀初めには、ポルトガルの外交官ヴェラ・イ・フィグラによる、その名も『完全なる大使』という著作が広く読まれたと言われている。すでにそれより以前一六世紀末にイタリア人、オッタヴィアノ・マギは次のように言っていると、ニコルソンが『外交』のなかで引用している。

「およそ大使たる者は、習練を積んだ神学者で、アリストテレスやプラトンに通暁し、もっとも難解な問題も一目見ただけで正規の弁証法の形で解決することができ、数学、建築学、音楽、物理学および市民法と教会法の専門家で、ラテン語、ギリシャ語、スペイン語、フランス語、ドイツ語、トルコ語に堪能な古典学者、歴史家、地理学者、軍事専門家でなければならない」（註一）

外交官の資質に対するこの要求は、現代版に書きかえてみると、

「およそ大使たる者は、英語のほか、少なくともフランス語、ドイツ語、ロシア語、スペイン語、アラビア語、中国語のいずれか（できれば複数）に堪能で、国際法、公法、私法の諸分野に通暁

し、貿易、為替、関税、財政、金融、エネルギー、鉱工業、農漁業、国際航空、ITを含む電気通信および環境、人口、老人問題などについて専門的知識を有し、軍事戦略論に詳しく、豊富な科学技術的常識と歴史、文学、美術、音楽にまたがる深い教養を身につけていなければならない」

とでもいうことになるであろう。なかでも、現代の国際環境においては、大使にとって、マクロ経済についての基本的知識を持ち、世界および日本の主要経済問題について相当の見識を有することは不可欠である（註一）。

これだけの知識の集積を兼ね備えた大使がはじめて《完全な大使》と言えるとすれば、それは、ほとんど天才としか言いようがない。現に、非常に高い資質を外交官に求めたナポレオンは、「外交官たる者は、その天才を持って生まれなければならない」と言ったという。

だが一九世紀初頭におけると同様、今日においても、知的能力の面に限ってさえこれだけの要求を満たすことのできる大使が実際にどれほどいるだろうか。多くの大使たちは、その能力が到底要求される水準に及ばないことを知っているし、そのうちの良心的な者たちが少しでも理想像に接近しようと精進しているのは当然としても、《完全な大使》の理想像は、大部分の大使たちにとって常に精神的圧迫となり、彼らが気の休まらない日を送っていることだけはたしかだと言ってよい（註二）。

タレーランの遺言

外交官には、以上に挙げた知的能力に劣らぬ個人的魅力と高い道徳的資質とが求められる。なかでも、外交官に求められる徳目として、ニコルソンは誠実（truth）、正確（accuracy）、平静（calm）、忍耐（patience）、よい機嫌（good temper）、謙虚（modesty）、忠誠（loyalty）の七項目を挙げている（註四）。以下、その順に検討してみたい。

まず誠実であるが、外交官にとってのこの徳目の重要性を説くことが、ニコルソンの主著『外交』の主題となっていることは、すでに第三章で見たとおりである。

カリエールも、宮廷外交華やかなりし一七世紀の昔に「立派な交渉家は、交渉の成功を決して偽りの約束や約束を破ることの上においてはならない」として、たぶんその頃は多数説となっていたであろう「腕利きの使臣はぺてんにかける術の名人でなければならない」という俗説を強く否定する。「一生の間に何回も交渉ごとを扱うであろう交渉家として考えてみなければならないのは、嘘をつかない男だという定評が彼にとっての利益であり」、「こうした評判があれば、今後おこなう他の交渉の成功は容易になり」、「どこの国へ行っても、尊敬をもって喜んで迎えられる」ことだとして、「嘘をつかない人だという評判を確立すること」を外交官の心得として奨めている。さらにカリエールは、「腕利きの交渉家は、交渉相手の君主や大臣が彼の約束の間違いないことを疑わず、同様に、彼が太鼓判を押した情報ならば、その真実性を疑わないというほどの、彼の誠実さに対する高い評価を打ち立てるべきである」と続けて、外交には信用が第一と強調する（註五）。

この点についてアーネスト・サトーは、誠実が外交官に必要な第一の資質であることは、カリエールの時代も現代もまったく変わらないとして、著書『外交実務案内』の「外交官への助言」という章にカリエールの所論をフランス語のまま転載して、全面的な賛意を表している（註六）。

他方、ニコルソンが二〇世紀はじめのフランスの名外交官として何度も名前を引いているジュール・カンボン（Jules Cambon 1845–1935）は、「忠誠（loyauté）が繰り返し実証されれば、彼自身の政府にも、また彼の派遣されている先の政府にも、彼に二言はないという信頼を与えるだろう。かつてマキアヴェリは、神聖ローマ皇帝のもとに派遣するフィレンツェ大使への訓令として、決して思っていることと違うことを言う人間と思われてはならないと命じたという。陰謀が外交の基本だなどというのは、とんでもない間違いだ」と書いている（註七）。

要するに外交官に必要とされる「誠実」とは、裏表がないこと、私心がないこと、信頼できること、つまり英語でいう《personal integrity（人格的信頼性）》があるということに尽きると思われる。面白いのは、不実の策略家として世評の高いタレーランが誠実（bonne foi）を外交官に

美食外交の祖でもあるタレーラン

不可欠の資質として挙げていることである。タレーランの協力者で短期間外務大臣を務めたこともあるラインハルト伯という有能でまさに誠実そのもののような外交官がいたが、一八三八年にこの人が亡くなると、タレーランは、学士院で有名な追悼演説をおこなった。そのなかでタレーランは、外交官に求められる種々の資質を挙げたのちに次のように述べた（註八）。

「これらすべての資質も、常にそれを保証する誠実がなければ十分とはいえない。ここで私は言いたい。一般に流布された偏見を打破するために。否。外交は策略や背信の術にあらず。誠実はいずこにも必要であろう。しかし政治的取引においてほど、誠実を必要とするところはない。誠実がその取引を確実、永続的なものとするからである。ひとは、控え目ということと策略とを混同してきた。しかし誠実は決して策略を許さないが、控え目は許す。まさに控え目は信頼を一層補うものだからである」

この演説はタレーラン自身の死の僅か二カ月前のことだったから、実質的な遺言とみなすこともできるが故に、一層興味深い。

大使は二四時間大使

このように、嘘をつかない、約束を守る、裏表がないということが、信頼を財産とする外交官にとっての最重要の心得であることに異論はないとしても、この教訓を完全に実行するのは、実際問題としてなかなか容易でないのも事実である。嘘には、故意の嘘よりも、真実を言う勇気を欠くために結果的に嘘となるものの方が多いのが現実だからである。では嘘にならないようにするには、いったいどんな知恵があるのだろうか？

この点に関連して、ハロルド・ニコルソンの子息ナイジェルがなかなか面白いことを書いている（註九）。すなわち公職を退いてからの父ハロルドは、「ある重要な事実について、外国政府の役人から真実か否かと聞かれた場合、嘘にならないためには、どう答えたらよいか」という若い外交官の質問に答えて、こう言ったというのである。「君がそれを知らないなら、まったく知りませんと言えばよいし、もし君が知っているときは、あなたは私にその質問をなさるべきではありませんと答えなさい」。また、こうも言ったという。「もし外国の役人から、君が秘密を守ると約束するなら興味深いことを教えようと言われたときは、あなたの教えてくれようとすることが本当に重要な問題であるなら、私は上司に報告する義務があるから、あなたはその情報を私に教えるべきではないでしょうと答えなさい」と。

このように、嘘をつかないために何よりも必要なのは勇気なのであるが、ニコルソンは、実際問題として、嘘とならないための最善の方法はコミットしないこと、つまり言質を与えないことだと言いたかったのだろう。タレーランは、前述した演説のなかで、「外務大臣たる者は、もって生まれた本能によって危険を事前に察知するので、議論をはじめる前に決して言質をとられることはない。彼は、あけっぴろげに振舞いながら、実は何ものも中に入り込ませない」と言っている。嘘にならない言説とは、練達の外交官が身につけた高等技術ということであろう。

しかし、ニコルソンにしても、カリエールにしても、誠実とか正直とかを論じながら、廉潔性の問題をほとんど論じていないのは不思議といえば不思議である。カリエールが免税特権の濫用を戒めているところからみると、当時から濫用があったことが窺われるが、機密費については、彼はおおいにその効用を説き、「有能な君主ならば、その種の資金を交渉家に与えることをおろそかにしてはならない」と言っている。その一方、交渉家に向かっては、「主君が考慮を払ってくれない場合でも、自分の力でできるだけのことをするべきである」として、自腹を切ってでも、機密費を気前よく使うべしと言っているくらいであるから、その一部を自分のポケットに入れてしまうなどは、彼には考えもおよばないことであったろう。

それにしても、旧時代の外交官が金銭的廉潔性が高かったとはとうてい考えられない。その典型をタレーランに見ることができる。彼がおおっぴらに賄賂をとっていたことはいかんともし難い事実のようで、ナポレオンはそれに気づいていながら、あえて目をつぶっていたらしい。それをよいことに、タレーランは、交渉相手のロシア皇帝アレキサンドル一世にまで借金（返すあても、つもりもない）を持ちかけるくらいの厚顔無恥ぶりであった。その結果、一世を風靡した名外交家も、後世、金銭欲にまみれた破廉恥漢の汚名を着せられる羽目となったのは、身から出た錆と言うほかない。

この例によっても教えられるのは、物欲の誘惑から身を護るために必要なのは、つまるところ、道義心よりも、誘惑に溺れることの愚劣さを見抜く冷静な理性の力だということである。あれほど明敏なタレーランですら理性に曇りがあったということであろう。

話がやや横道に逸れるかもしれないが、過日、あるフランスの現職外交官と世間話をしながら、たまたま、あいつぐ日本外務省員の公金横領事件に話がおよんだとき、彼は何故このような事件が起こりえたか理解できないとの感想を述べた。この外交官によれば、フランス政府の会計法も会計監査も極めて厳格で、報じられているような不正を犯す余地はないという。要するに問題は法規と制度の不備にあり、人間の道義心や廉潔性ではないということであった(註一〇)。

これは、フランス的な人間性悪説とも受け取ることができるが、フランス外務省が毎年全職員について作成する人物考査表の考査項目には、企画力、共同作業への適応性、任国民との交際、向上への努力、環境適応能力および仕事の結果の信頼度の六項目があるが、そのほかに人間の徳性についての考査はないとのことであった。能力さえあれば、あとは道義性の問題ではなく、もう昔タレーランがやったようなことはやらせない仕組みがあることによって、十分な抑止力が働かせられるということのようである。

日本外務省の勤務成績表には、まず勤務能力として、企画力、実行力、交渉能力、理解力、判断力、口頭による表現能力、文書による表現能力、勤勉度、仕事の結果に対する信頼度とともに廉潔度があり、そのほか、管理能力、語学力、情報収集力、社交性、環境適応能力が考査の対象とされる精緻なものであるが、精緻な割に人物の把握はできていなかったということになる。

廉潔性の問題に関連してやや厄介なものに、大使の職務の公私の別という問題がある。タレーランは、「外務大臣は二四時間外務大臣である」と言ったが、同様、任国にある大使もまた、二四時間、眠っている間も大使でなければならない。そのような大使にとって、どこまでが公的で、どこからが私的かということは、傍で考えるほど簡単な区別ではない。

その区別のために、公邸の住居部分に大使の私用のための冷蔵庫つき厨房があることが、くだらないことのようだが、案外大事である。大使は私用の食糧、日用品購入のための一定金額を公邸料理人に預託し、家計簿を管理させるべきだろう。しかし料理人が市場で公用と私用をいちいち分けて購入するのは、実際問題として厄介なことである。いずれにしても李下の冠、瓜田の履《くつ》で、慎重に越したことはない。内輪との会食に交際費を使わない、遊びのゴルフに公用車を使わないなどは常識の範囲であるが、要するにけじめをはっきりさせるという精神と姿勢の問題で、あとは健全な常識に任せるしかあるまい。

義務への信仰

カリエールの時代において交渉家の誠実と言うときに、それが雇い主の君主に対する忠誠心を含んで考えられていたのは当然で、彼は「交渉家が相手に対する約束を忠実に守るべきであるとするならば、おのれを使う君主や国家に対して忠実でなければならないのは見やすき道理である」としている（註一一）。そこで、ニコルソンの七訓の第七、忠実（loyalty）を、第一、誠実（truth）の類縁にある概念として次に一括して取り上げることとしたい。

そもそも外交官たる者は、何よりも祖国と正義とに忠誠を誓うものでなければならない。戦後の《赤狩り》、いわゆるマッカーシー施風の渦中で図らずもスパイ容疑を受けて自殺したカナダの外交官ハーバード・ノーマンのように、祖国そのものへの叛逆を疑われるほどの不名誉、恥辱はない。それは単なる政権への不忠実とは意味が違うからである。不運なノーマンは悲劇の外交官となったが、外交官は、祖国への忠誠を疑われるようなことがあっては絶対にならないのである。これが大原則である。

ニコルソンは、これを前提として、「職業外交官は、自国の君主、政府、大臣、外務省に忠誠を負う」とした上で、この問題を主として、大使と彼の受けとる訓令との関係において論じている。彼はつぎのように書いている（註一二）。

「外国にいる外交官にとっては、真実から離れないまでも、専ら好都合な事実を最大限に利用したくなるものである」

「微妙で、無意識の不忠誠が、彼が本国に送る報告に入りこむかもしれない。カリエールですら、外交官に、政府が知るべきことよりもむしろ聞きたいと思っていることを政府に報告する誘惑に陥らないよう警告している」

ニコルソンの引用するカリエールの叙述とは次のとおりである（註一三）。

「君主に常に真実を告げるという交渉家にとっての第一にして最重要なる義務がなおざり」にされ、「君主が望むような風に知らせる場合には、君主はほとんど常に措置を誤る」

このように本国政府をミスリードすることは、追従や打算、あるいは臆病という原因から陥る落し穴であって、ニコルソンは、「この種の誘惑に負け、その結果、きわめて厭な真実も知らなければならない自国政府に対して不忠誠行為を犯すことになってはならない」と警告している。

一九三六年、イギリスのエドワード八世がシンプソン夫人と結婚のために退位すると、当時ヒトラーの駐英大使だったリッベントロップが、国王はシンプソン事件を口実に、ユダヤ財閥の圧力によって退位を余儀なくされたと報告した。これは、ヒトラーを喜ばせるために事実を歪曲した例とされている。リッベントロップは外務大臣への昇任を渇望していたのである（註一四）。

しかし、それ以上に論議がありうるのは、在外使臣は本国の訓令をどこまで字義どおりに執行するかという問題である。カリエールは、「訓令というものは、いかほど分別に富んだすぐれたものでも、それがどれほど役立つかは、それを受ける人の聡明さいかんによる。有能な交渉家は、主君の命令を巧みに実行することを心得ている」として、交渉家の裁量、識見の価値を認めている。とはいえ、当時と現在の交通、通信事情の違いから考えれば、現代の大使に与えられる訓令は、カリエールの時代の包括的訓令に比べれば、はるかに個別的、具体的で、大使に認められる自由裁量の幅が狭くなったのは致し方ないところであろう。

そのような前提にたてば、本国の訓令は、現代の大使によってできるかぎり字義どおりに執行されるべきものと考える。もちろん大使は重要な訓令については、確定前の段階で十分協議を受けるべきであるし、現地の空気を反映した大使の意見が正当に評価されなければならないことは、第四章でも論じたとおりである。しかし、いったん確定した訓令が到着した場合は、大使は職を賭して反対するのでないかぎり、かりに不本意でも、訓令は字義どおりに執行しなければならない。太平洋戦争の開戦時と終戦時の外務大臣東郷茂徳は、「凡そ在外使臣が任国政府との交渉に当たる際は、本国政府の訓令に基づき全力を傾注して相手方を説得せしむるを本義とすべきである」と断固として言い放つ(註一五)。

もう時効だから書いてもよいと思うが、フランスが南太平洋で初めて核実験に成功したとき、日本の駐仏大使は、操觚《そうこ》界から転じ、フランス側にも大変受けのいいといわれる人だった。本省からは当然唯一の被爆国の立場から説き起して、厳重抗議と賠償請求権留保を申し入れるべしという訓電が入った。大使は、直ちに外務大臣に面会し、訓令の趣旨を述べ終わると、立ち上がって文書を手渡し、ついで外務大臣の手を握って破顔一笑するや、「実験成功おめでとう」と言ったということだった。

もちろん本省への報告には厳重抗議を申し入れたとしか書いてない。この会談に鞄持ちとして随行した若い大使館員は、「これぞ、真の外交官」と感激していたが、筆者は、この大使の行為はまさに才に溺れるもので、訓令を忠実に執行しているがごとき体裁をとりながら、実質的にはその目的を甚だしく減殺した結果となっており、外交官の鑑《かがみ》とは言えないと今でも考えている（註一六）。

ともあれ、このように諸家のこぞって強調する忠実とは、徳性の内容としては極めて多岐にわたる。しかしそれは、畢竟、課せられた職務を果たすという義務への忠実に帰するのではないか。外交官の出発点も終着点も、その意識にあると言ってよい。

タレーランは、ラインハルト伯の生涯を通じて発揮されたこの義務感を、《義務への信仰（religion du devoir)》と名づけて賞賛した。これは、実はタレーランがラインハルトの名をかりて、自分自身を語っているものとされている。そうとすると、タレーランの生涯は「彼の果たすべき職務にのみ捧げられ、そこにはいささかの個人的な計算も、昇進への野心も隠されていなかった」ということになり、やや首をひねりたくもなるが、それにしても、この《義務への信仰》という崇高な言葉がタレーランの遺言とは、単なる逆説と言い切れない面も持っているような気がする。ワーテルローでの決定的敗北、帝国崩壊にもかかわらず、フランスがその歴史的国境線を維持し、以後も大国としての地位を保つことができたのは、おのれの《義務への信仰》がもたらしたものであるとの自負がタレーランにあったのだろう。

次の徳目は、正確（accuracy）であるが、この点についてのニコルソンの主張は、「外交は、正確な、認証しうる形で合意を取り決める術である」（註一七）という認識に基づいている。彼は、「外交は、言葉の上の術であるよりは文書の上の術である」として、外交官が外国政府に伝達する文書や本国政府に対する報告の起草に当たって、「知的不正確」「道徳的不正確」に陥ることがないようにと強く戒めている。たしかに誤解の生ずる余地のない几帳面な正確さは、外交にとってひとつの要諦であるが、外交官たる者は、自分の考えをまとめ、それを正確に表現する能力（技術）を持たなければならないのである。

カリエールも、わざわざ「公信と、そこで守るべきこと」という一章をもうけて、公信の書き方を詳細に解説している（註一八）。「文体は明晰かつ簡素たるべきで、無駄な言葉は省き、話をわかりやすくするための言葉は省いてはならない。気品のある簡素さが全体を貫くようにし、物知りや才人を気取ってはならない」という彼の助言は現在でも傾聴に値する。筆者の外交官生活の初めの頃は、まだ電信はその国の電報局を通じて発受信されていた。したがって若い外交官は、電信の起草に当たり、一円でも電信料を節約するため、いかに簡潔で意を尽くした電文を書くかを教え込まれたものだった。電信案を上司に上げるたびに、「もっと短く」「もっと簡潔に」とつき返された思い出は、筆者の年代なら誰でも持っている。

その後、テレックス、在外公館と本省との間の専用回線、電子メールと通信手段が進歩するに伴い、また電信量の莫大な増加につれて、「簡潔で意を尽くした」文章は姿を消し、かわって

「冗長で焦点のぼけた」文章が氾濫することになったのは残念である。昔は、高度の文章力を発揮した《電信文学》というものが外務省にはあったのである。

道理をわきまえた懐疑派

つぎに、平静（calm）、忍耐（patience）、良い機嫌（good temper）、謙虚（modesty）をまとめて取り扱ってみたい。

ニコルソンが《平静》という徳目に関して言っているのは、外交官は怒りを抑えることができ、遺恨、偏愛といった個人的感情、熱狂、偏見、虚栄を捨てることができなければならないということである。外交官は喜怒哀楽をあまり表に出さない修行をしなければならないが、なかでも外交交渉では、怒った方が負けというのが相場であるから、怒りを抑えることは、たしかに極めて重要である。それは同時に忍耐の問題でもある。日本人は、ラテン系の国民とともに感情制御の苦手な民族であるだけに心掛けるべき点である。アングロサクソン系、特に英国人は、ポーカー・フェースがお家芸であるが、非常に厳しい内容のことを平然と笑顔で言える彼らの技術は見習うべきである。

逆に《はったり》をきかせなければならない場面もありうる。その場合に必要なのは相手に心理的ダメージを与える演技力である。ついでに言えば、職業外交官を志す者は、専門の教師について発声法の練習を積んでおくとよいと思う。外交の場で、よく通る声を持つ者と、そうでない者との間には、大きなハンディキャップが生じるからである。曇った低い声は損だ。しゃべり方はどちらかといえば早口の方がよい。あまり言葉を選んでゆっくりしゃべるのは損である。日本語でもそうだが、とくに英語でテレビの討論会に出演するには、高度の技術と経験が必要なので、将来のある外交官には、若いときから習練を積ませておかなければならない。高いポストについてから、急に必要に迫られても、満足に対応できるものではない。

ニコルソンは続けて、「外交官のなかでも最悪の部類は宣教師（missionaries）、狂信家（fanatics）そして法律家（lawyers）である」としている。つまり、《平静》の内容には、常に冷静であり、過度の思い込みを持たないということがあるのであろう。ニコルソンがその件《くだり》で引用しているのは、タレーランがよく口にしたという「諸君、とりわけ昂奮に身を任せるな（Et surtout pas de zèle!）」という有名な警句である（註一九）。ラテン語のモットーなら「nil admirari（驚くなかれ）」、日本語で言えば「かっかとするな」、とでもいうところだろう。

要するに外交官はいつも醒めていなければならないということである。ついでに言えば、外交官が任国を愛するのはよいが、任国に惚れてしまっては、客観的にものを見ることができなくなってしまう。ナチス・ドイツに心酔した大島浩駐独大使、ムッソリーニに傾倒した白鳥敏夫駐伊大使などはその一例である。日本の理解者として知られたアレクシス・ジョンソン米大使は、「私は日本が好きだし、日本人に敬服する者であるが、いまだかつて日本に恋したことはないと断言できる」と書いている（註二〇）。

外交官に向かって「かっかとするな」と言ったタレーランはまた、「緩慢（lenteur）と怠慢（paresse）は外交官の二つの美徳だ」とも言った。彼は「皇帝ナポレオンは活動的な人だったが、私がいつも実行を遅らせていた結果、彼が早まって下した決断を断念する余裕ができたことで、つねに私に感謝していた」と晩年述懐したと言われる（註二一）。

カリエールも、交渉家は「沈着で、控え目で、用心深く、忍耐強い」ことが必要で、「変わり者で気まぐれ」であってはならないとしている（註二二）。外交官は、奇矯な言動を厳に慎まなければならない。一九三七年、英国の新国王ジョージ六世への外交団の信任状捧呈式で、半ズボンに長靴下といういでたちのドイツ大使リッベントロップは、新国王に向かってお辞儀をするかわりに、ナチス式の右手を高く挙げる敬礼をした。目立ちたがりのリッベントロップは、得意満面だったが、イギリス人の顰蹙《ひんしゅく》を買っただけであった（註二三）。

リッベントロップのような狂信家は論外として、自分の思いこみに夢中になり、見境もなく説教を垂れる宣教師タイプ（アメリカの議員などにときおり見かける）が外交官として好ましくないのも容易に理解できる。彼らは、自分にとってよいことは誰にとってもよいことと思いこむ単純でナイーヴな人間であり、そのような人間が偽善の面を被ったときは最悪である。

次に、狂信家や宣教師と並んで、《法律家》が悪い外交官の典型に加えられているのは意外に感じられるかもしれない。だが、ジュール・カンボンはこう言っている（註二四）。

「外交とは交渉であり、交渉とは少なくとも相当部分、取引である。そこに外交的精神と法律的精神との違いが由来する。法律の適用と解釈は、必然的にある種の理論的厳密さを内包するものであり、政治の経験主義とは相容れない。ところが、事実関係を斟酌《しんしゃく》し、世論を考慮し、必要の前に身をかがめ、ある決定の遥かな波及効果に思いを致し、より大きな害悪を避けるために小悪を許容するといったことは、これすべて、理性の働きによるもので、単なるテクストの一字一句に帰することのできないものなのである」

要するに、法律家的厳格主義では外交交渉はまとめられないということで、これは外交交渉の真髄に触れた至言として、噛みしめるに値する言葉と考える。筆者の限られた経験でも、国際会議などのなかで、法律家の集まる法律委員会ほど始末に負えないものはなかったという記憶がある。法律家は、法理を絶対とし、妥協は節を曲げることなりと考える人たち、つまり、《法匪》であり、しかもそれを誇りとする人たちだからである。

一九九一年の湾岸戦争に際し、自衛隊による後方支援の範囲について、内閣法制局が「他国の武力行為と一体化しているとみなされうる行為は憲法に違反する」との見解に固執し、その結果日本は、一兆四千億円という膨大な財政的貢献をおこなったにもかかわらず、国際的評価を得られなかった経緯は、頑《かたくな》な法理一本槍がいかに国益を損なったかの好例となった。

これらとの対極において、ニコルソンが最善の外交官としているのは、「道理をわきまえた、人情味のある懐疑家」である。外交の基礎は、教条ではなく、あくまでも常識によって形成されるからであり、常識は安易に信じることを許さないからである。外交官は、人間を愛し、人情を知るユマニストでなければならず、決して絶対的な真理を奉じる教条主義者や、ナイーヴで単純な楽天家であってはならない。彼は常に反対の可能性を考える懐疑派（セプティック）であり、相手の主張に寛大な折衷主義者（エクレクティック）であり、相手の立場を尊重する相対主義者であり、そして常により悪い事態に備えるペシミストでなければならない。

外交の場は戦場

ついで、ニコルソンの《謙虚》には、節度とか自制心という面が含まれていると考えるが、この項目のもとで、ニコルソンが特に戒めるのは、自惚れ（vanity）、自己満足（self-satisfaction）である。カリエールも、無経験の交渉家は、交渉家に対して示される敬意は彼の代表する国家に対するものであることを取り違えて、「得意になるのが普通だ」と戒めている（註二五）。自惚れは、外交官の生命である客観的判断力を狂わせるということである。

これに平仄《ひようそく》をあわせるがごとく、ニコルソンも、外交官はともすると虚栄心、過度の自尊心を持つようになりがちで、そうなると性格を硬化させてしまうことになるとして、プルースト『失われた時を求めて』の元大使ノルポワ（第二章参照）の尊大さを外交官にとってのいわば反面教師としている（註二六）。二〇〇一年十月、アメリカの駐日大使だったマンスフィールド元上院議員が亡くなったが、日本経済新聞のコラムニストは、「会った瞬間にこちらの緊張感がすーっと消えて行くのがわかることがたまにある。マンスフィールド氏がそうだった。こういう人物を国の代表として日本に送り込んでくるのだから、米国は信用できる国なのではないか、とそう思わせる人だった」と書いた（註二七）。まさに大使たる者、そうありたいと願う姿である。

なおニコルソンは、「外交交渉を行う者にとっては、交渉相手の立場に立つことができなければならない」というカリエールの言葉を引いて、自惚れがこのような適応性、想像力を失わせるとも警告しているが、ここで言う適応性（adaptability）には、異文化、異なる宗教や習慣への寛容性、広い公正な精神と、異なる気候、風土への適応力という外交官の重要な資質を含んでいると見ることができる。

最後に洞察力、判断力、機転、勇気などの徳目があるが、これらについて、ニコルソンは、外交官にとって当然の資質であり、いまさら言及の必要はない、と一言で片付けている。しかし、これらの資質は当然ではあるにしても、その重要性は、やはりないがしろにはできないと思うので、一言しておきたい。

まず《洞察力（insight）》は《眼識（discernment）》と言ってもよく、環境、事物、人間、事件などに対する観察眼、注意力を含むだろう。

ポール・クローデルが日本で「眼に見えないものを見、見えるものの持つ意味を理解しようとした」のは、大詩人の感性のしからしむるところであったろう。しかし詩人でない大使も、常に物事の背後にあることを察知する努力を怠ってはならない。人の心を読まなければならない。少なくとも人の心の動きを観察しなければならない（心理学を学ぶことは、その意味で外交官にとって有益である）。適確な判断の力は、このような洞察力に当然の結果として伴うものであろう。

判断力については、一九七〇年代にフランスの外交担当国務大臣を務めたことのあるフランスの外交官ベルナール・デストルモーは、「決して無批判な服従にいたることのない忠誠、任国の機微な習性に対する理解、自身の持つ力に対する客観的評価といった能力が判断力を発達させる」とし、そのような判断力こそ、外交官にとってもっとも重要な資質であるとした（註二八）。この場合の正しい判断力とは、フランス語の bon sens に当たるだろう。

とっさの《機転》がきくことも、重要な資質である。大なり小なり、予期しないことにぶつかるのは、外交官の日常において避けられないところだからである。予期しない事に直面して、動転することなく適切に対応できる能力のことをフランス語で、présence d'esprit というが、文字通り精神の平静を失わないということを意味する。会話における当意即妙な受け答えもそこから来る。要するに精神活動が常に油断なく機敏でなければならないということである。これは、《沈着（sang froid）》に繋がる。カリエールは、「生まれつき臆病な人間は、思いがけないことが起こると、動揺し、恐怖のあまり」措置を誤るから、交渉家たる者は、「度胸がすわっており」、

「勇気があり」、「確固不動の精神」と「果断の精神」を持たなければならないとした（註二九）。

これらの資質は、特に国際会議の場で列強の代表を相手に機略縦横の働きをするには、なくてはならぬものである。一九二〇年代末、国際連盟事務局の政治部長として活躍した杉村陽太郎（のち駐フランス大使）は、外交の場を戦場になぞらえ、「聯盟の会議の如き公開外交に臨む代表は、戦士に勝る胆力と機知と修養とを必要とする」と強調し、国民は「樽俎《そんそ》の間に折衝した全権の心事を理解すべきである」と訴えている（註三〇）。《胆力》という言葉は、まさに外交官に必要な沈着、勇気、果断のすべてを表わすにふさわしい表現ではないだろうか。

さらに、万一なんらかの異常事態が発生した場合を想定すれば、危機管理の陣頭指揮をとる大使が豪胆にして細心、慎重にして敏速であることが、絶対に必要なのは言うまでもない。

このように見てくると、「完全なる大使」に必要とされる徳性とは、なにも外交官に限ったことではなく、あらゆる職業において秀でた人間であるための徳目であることがわかってくる。プロゴルファーの小林浩美さんは、中学の担任の先生から「外交官でも目指したら」と言われて、「いったん思い込んだらすぐに行動を起こすのが私の性分。その日にヒヤリング用の英語教材を買いました」ということだが、彼女の行動力、頑張り、明るい性分をもってすれば、さぞ魅力的な女性外交官が生まれていただろうと思われるので、その前にゴルフの天分を発揮されてしまったのは残念である（註三一）。シドニー・オリンピックの女子マラソンで初めて日本に金メダルをもたらし、「この時代に生きた証を残すことができた」と語った高橋尚子選手の歴史意識、本場イタリアで、堂々とイタリア語でインタヴューをこなすサッカーの中田英寿選手の研究心、同化能力。そして、アメリカ大リーグで新人最多安打を記録し、割れるような満場のスタンディング・オヴェーションに僅かにヘルメットを持ち上げるだけで応え、すぐに試合中の鋭い眼差しに戻ったイチロー選手の見事な自己抑制と職業意識。それらはすべて、超一流選手が卓越した運動能力の下に隠し持つ人間性の光とでもいうべきものであろうが、それは間違いなく彼らがまた、優れた外交官となる素質を備えていることの証拠であると感じさせられたものである（註三一）。

詩文の才と強靭な神経、そして丈夫な胃腸

こうしたすべての徳性を兼ね備えたとしても、大使としては、まだ完全とは言えない。特に彼は、個性豊かな、魅力ある人間であることを必要とする。つまり一度会ったら、また会いたいと人に思わせ、もっと話をしたい、もっとよく識りあいたいと人を引きつけるものを持っていなければならない。そのような人間的魅力の発揮に不可欠なのは、何と言っても深い教養であろう。

外交官に深い教養学識を求めるということは、東洋において特に顕著だったのではないかと思われる。ヴェトナムの朝廷では、昔から、中国に派遣する使臣の人選に当たっては、外交的手腕にもまして、すぐれた文学的素養を持つことを重視したといわれる。

人間の持つ遊戯性を歴史を動かす文化機能として論じたホイジンガの『ホモ・ルーデンス』に、

「アンナン使節のペキン宮廷に対する成功は、時として大使の即興詩の才能いかんにかかっていた」とあるとおりである。

これは、ペキン宮廷に遣わされる外国の使節は皇帝や廷臣たちの持ち出すあらゆる謎、難題に対して、当意即妙に答えなければならなかったことを指しているが、「要するにこれは遊戯形式による外交であった」とホイジンガは書いている（註三三）。しかし、民族意識に目覚めるヴェトナムの使臣たちにとって、支配者たる中国人とせめて詩文においては拮抗したいと願った詩の応酬を、とても遊戯と考える余裕はなかったのではないだろうか（註三四）。

《遊戯形式の外交》か否かは別として、詩を競い、そのために外交官に詩文の才が求められたのは、東洋では古くからのことであった。特に、近代的な観念での国交が成立していなかった中世において、日本、中国、朝鮮、琉球四カ国間の政治的意思伝達の役割を担ったのは、これらの国の間を往来した僧たちであった。そして彼らの共通言語（lingua franca）は当然漢文であったから、漢詩はしばしば外交と深いかかわりを持ったのである。

一五六二年、たまたま到来した日本国使臣が能文者と聞いた明の宮廷は、客使が詩の唱酬《しょうしゅう》にあまりに巧みで、宣慰使《せんいし》が立ち往生しては困るというわけで、詞章の才に並ぶ者ないと言われる前の漢吏学官を急遽その任地から呼び戻し、早馬に乗せて、使節の接遇に向かわせたという事例が村井章介氏の著書『東アジア往還——漢詩と外交』（註三五）に出ている。中国の宮廷としては、漢詩における本家の面目を保つことが重要な外交目的のひとつだったのであろう。このほか同書からは、漢詩と外交のかかわりの深さと東洋の外交官に高い詩文の能力が求められた事情が種々窺われて極めて興味深い。なお清朝末に、初代駐日公使館を設置するに当たり、公使はじめ館員には、すべて進士、挙人《きょじん》の出身で、四書五経に詳しい一流の文人が選ばれ、着任後、彼らがしばしば詩宴も通じて、明治日本の文人墨客と深く交わったことは、すでに第六章の註三で述べた。

このように外国宮廷に遣わす使臣に学識教養を求めたということは、想像であるが、中世のイスラム世界にもあったのではないだろうか。イスラム教徒の精神生活における聖職者の影響力の大きさからして、彼らに重要な外交任務が与えられることがあったとしても不思議ではないし、聖職者は同時に最高の知識人であったから、彼らが外国の宮廷でコーランの知識を競い合うというようなことがあったと想像するのも、まったく荒唐無稽ではないかもしれない。

ともあれ今日においても、大使が任国の知的エリートと接触を持ち、意思疎通を図る重要性に変わりはない。それはもはや遊戯でもないし、競争でもないが、ひとかどの教養人であるということは、大使がその代表する国にふさわしい尊敬を受けるための必須の条件なのである（註三六）。

さてかくのごとく、《完全なる大使》とは、切っては磨き、刻んでは磨き、また削っては磨かなければ得られない珠のようなものであるが、さらに彼らは、高度の精神的緊張に長時間耐えることができる強靭な神経と、何でも消化し栄養とエネルギーに換えることのできる丈夫な胃腸とを持たなければならない。それが彼らが生き延びるための必須の条件だからである。

第八章　外交力

一九世紀後半のいわゆる旧外交から新外交への移行を、民主主義政体の定着によって生じた変化と見たハロルド・ニコルソンは、特に新外交の理論と実践に大きな影響をおよぼした因子として、諸国家間の共同体意識の増大、世論の役割に対する認識の拡大、そして情報伝達技術の進歩、の三つを挙げている（註一）。たしかにこれらの因子は、二〇世紀における外交の進化を方向づけたと考えられ、二一世紀の入口にある現在においても、依然、外交展開の大きな潮流のもとになっていると言っても過言ではない。

まず、諸国家間の共同体意識の増大は、国際連合をはじめ多くの国際機関だけではなく、北大西洋条約機構や日米安保条約を生んだし、さらに今日欧州統合の流れにもっとも鮮明に見てとれるように、超国家的とは言わないまでも、主権横断的な地域連合の動きとなって随所に顕われている。世論と外交政策との間をいかに調整していくかが、議会制民主主義のもとでますます大きな課題となっているのは議論の余地がない。また、情報伝達技術の開発が、まさに革命的なＩＴの進歩となって、世界経済のグローバリゼーションを推進する一翼を担っていることも周知のとおりである。一般大衆は氾濫する情報の坩堝のなかにいるのが現実である。まさに二一世紀の外交はこれらの潮の激しい渦に揉まれながら展開してゆくことになるだろう。これこそ歴史的流れというべきかもしれない。

しかしながら、世界政府が誕生し主権国家が消滅することは、少なくとも予見しうる将来においては考えられないことを前提とすれば、アーネスト・サトーが定義した「独立国家間の関係を処理する上に知性と技巧を応用する」という外交の本質がやすやすと変質することもまた、考えられない。主権国家は、それぞれ異なる利益、異なる目的、そしてなかんずく異なる意思を有するので、その間には、常に調整を要すべきなにものかの存在が不可避である。とすれば、その間を調整するものとしての外交の重要性に変化が生じることもありえないわけである。

ところで、対立する利害関係や摩擦を解消する方法は、理論的には二つある。

第一は、交渉によって妥協に到達することであり、これが外交である。筆者は、日本の平和主義を毛頭疑うものではないが、いわゆる平和主義者たちが口にする「平和のために祈り、平和を訴えよう」というスローガンだけは、公衆を惑わす妄言として、心底怒りを感じずにはいられない。祈りを捧げ、訴えさえすれば、平和が達成できるなら、これほど簡単なことはない。だが祈りや訴えを誰が聞き届けてくれるのか?

フランスの外交家が言っているが、「平和は、妥協によって達成され、妥協は、交渉の結果である」。平和を達成できるのは、外交交渉を措いてはなく、外交こそ平和の手段なのである。しかしかりに利害対立を外交交渉によって解決できなかった場合、その利益を貫徹するために主権国家に残された手段は武力による強制しかない。だが、日本国憲法が日本国に禁止しているのは、まさにこのような強制力としての軍事力の行使であろう。それは、日本固有の哲学、国是として尊重されなければならない(自衛権の問題は別である)。

このように、武力によって一方の主権国家の意思を強制することを戦争という。

有名なクラウゼヴィッツの『戦争論』での定義によれば、「戦争は政治的手段とは異なる手段をもって継続される政治にほかならない」(註二)とあるが、彼はまた、「戦争とは自らの意思を強制する目的に供する手段としての強力行為である」とも言っている(註三)。『戦争論』が書かれたのは一八二〇年代のことであるが、《戦争は政治の手段である》というクラウゼヴィッツの命題は、その後、阿片戦争、アロー号事件などに典型的に見られる列強の対支外交や対日開国要求では、いわゆる《砲艦外交(gunboat diplomacy)》としてまかり通っていた(註四)。その後もプロイセン拡張主義の《現実主義的政治 Realpolitik》に思想的根拠を提供し、ナチス・ドイツをはじめとする強権国家に受け継がれることになった。

しかしながら、筆者が疑問とするのは、いったん意思の強制を目的とする強力行為が行使されたとき、いかにしてそれを「政治（外交）の継続」と呼ぶことができようかということである。外交の目的はあくまでも交渉による相互的妥協への到達であって、屈服、強制ではない。平和主義を標榜する国にとって重要なのは、この事実の認識である。国家の独立、領土保全、国家の名誉、国民の安寧など死活的な国益を守るために頼るべき最後の手段が自衛的軍事力であるとしても、その行使を余儀なくされる以前の綜合的な外交力の保持が決定的に重要であることをここに再確認するのも、そのためである。

外交力と軍事力

ある国の外交力は、その軍事力と経済力とを背景として発揮され、この三者が相俟ってその国の実力と国際社会におけるそれに見合った地位とを決定する。したがって、大国といわれて世界政治に影響力をおよぼすためには、そのいずれを欠くこともできず、端的に言って、国連安保理の常任理事国となる資格はこれらの要件を満たすことにあるといってよいであろう。いわゆる《平和外交》の推進には軍事力は不要だとする論は、あまりにも国際社会の現実を無視した感傷主義というほかはない。

東西冷戦の厳しい一九六一年一月、アメリカのケネディ大統領は、議会に送った一般教書のなかで、「アメリカ大統領の紋章の鷲は、右の爪に橄欖《かんらん》の枝を持つと共に、左の爪で矢の束を持っている。われわれは、その双方に同等の関心をもっている」と述べた。アレクシス・ジョンソンが、軍事力と平和の探求は二者択一の問題ではなく、軍事力は平和の探求のための必要不可欠な要素であるとして、「軍事力と外交は二本の指のようなもので、軍事力の裏づけなしに平和を求めることは政策ではなく、信頼性と効果の双方を欠いた単なる希望の表明にすぎない」と書いたとき、その念頭には、ケネディのこの言葉があったかもしれない。

いずれにしても、軍事力とは、それを現実に使用するための道具、言いかえれば軍事行動に役立たせるための力であるよりは、その背景において外交力を発揮するためのものであるという認識を持つことが重要であろう。ジョンソン大使が「軍事力は戦うためではなく、戦いを抑止しつつ、われわれの国家目標を達成するために存在する」(註五)と言っているのは、まさに軍事力の持つ抑止力としての意義を指摘するものにほかならない。

こうして、外交と戦争とが国際関係において明確に分離された二つの異なる方法であることが確認されると同時に、抑止力としての軍事力と外交とが双子の兄弟の関係にあるという事実も浮かび上がってくる。かりに抑止が不幸にして働かず、外交努力が失敗して、武力行使に移行したときでも、ほとんどそれと同時に、他方で停戦、休戦、和平に向かっての外交活動が開始される。ヴェトナム戦争もそうだったが、近年における典型的な例のひとつは一九九一年の湾岸戦争であった。イラクの原子力関連施設に対する国際査察実施をめぐって高まっていた緊張がフセインのクウェート侵攻によって一気に武力紛争に発展するや、一方において、多国籍軍による「砂漠の嵐作戦」が開始され、イラクに対する熾烈な空爆がおこなわれるのと平行して、停戦、原状回復、イラクの大量破壊兵器保有能力解体へ向けての集中的な外交努力が国連安保理を中心に展開された。その苛烈さは、まさに《外交戦》と呼ぶにふさわしいくらいのものであった。

時あたかもソ連圏崩壊、ドイツ再統一という大きな時代転換のうねりのさなかにあったから、当時のベーカー米国務長官、ドイツのコール首相、ゲンシャー外相、イラクのアジズ副首相、ソ連のシュヴァルナーゼ外相など、CNNのテレビ放送を通じて世界中に伝えられた主役たちの獅子奮迅の活躍ぶりは、まさに激動の世界を舞台とするドラマと言ってよいものであった。このとき、ベーカー国務長官がプレス・インタヴューのなかで《外交力（diplomatic power）》という言葉を初めて使ったと記憶する。ベーカー長官は、米国が国の総力を傾注しておこなう外交努力をこう表現したのである。まことに、外交は《力》なのである。

外交力と軍事力とがまさに二本の指のように別々に、だが並行して有機的に使用されたのは、今次アフガニスタンでのアメリカの行動においても同様であった。二〇〇一年九月十一日、ニューヨーク、ワシントンでの同時多発テロ事件が発生するや、アメリカはただちに、アフガニスタンのタリバン勢力に庇護されているとみられる事件首謀者たちへの軍事行動の準備をはじめるとともに、並行して広範な外交努力を展開した。その目的は、第一段階では、もっとも利害関係が深く、軍事作戦上も重要なパキスタンの協力掌握とNATOをはじめとする西側同盟国の全面的支持の獲得にあったが、このいずれにも速やかに成功したのは、米国外交の初期段階における大きな得点といってよいだろう。ついで米国はこれらの支持、協力を背景に、ロシア、中国の理解をとりつけるとともに、中東、中央アジアのイスラム諸国への働きかけを強め、この段階から、英国も外交努力に積極的に加わった。かたわらアメリカは、着々と軍事作戦の準備を進め、十月八日、タリバン拠点への空爆を開始した。

このようにして米国は、一方では、イスラム世界のなかでタリバン、アルカイダを孤立させる外交包囲網を徐々にせばめつつ、他方では、オサマ・ビン・ラディンとその一味を物理的に捕捉するための特殊部隊の軍事行動を進めるという外交・軍事の両面作戦を展開している。この様相は、僅か十年前の湾岸戦争とは比較にならないほど進化した外交と軍事技術との巧みな二刀流と言ってよいであろう。事件当初、日本政府は、完全に不条理かつ無差別大量の同時テロという想像を絶する事態の発生に、一時呆然自失に近い状況を示したが、幸い、問題の深刻さと米国との連帯の重要性を理解し、小泉首相が米国の軍事行動支援に関する七項目を発表したので、首相のワシントン訪問が急拠実現し、一応、ブッシュ大統領を中心とする各国首脳の共同外交協議の輪に加わることができた。もし、これができなかったなら、国際場裏における日本の面目は完全に失墜し、その外交的ダメージは、湾岸戦争時の比ではなかったろうと想像される。いずれにしても、アフガン問題のこれまでの推移は、国際関係における外交力と軍事力の二重性をますます強く印象づけたことは確かである。

国民外交

では外交力とは何によって成り立つのであろうか。

まず第一に挙げなければならないのは、政治的指導力である。確固たる政治理念に裏づけられた先見性と洞察力に恵まれ、豊かな国際政治的感覚を備え、かつ、秀でた指導力を持つ政治指導者の存在である。

吉田茂は、かつて親交を結んだチャーチル、アデナウアー、ド・ゴール、ダレスといった自由主義諸国の指導者たちを回顧して、「彼らがそれぞれの立場こそ違っても、真剣に自国の復興発展に意を用い、自由の擁護に心血を注いでいる姿に感銘し」、「百年の後においても、その魂魄《こんぱく》がこの世に残って、灰のなかから甦る不死鳥のように大空をとび廻る」のではないかと述懐しているが、残念ながら近年、彼らにならぶべき指導者が輩出しているとは言いがたい。しかし外交力の中心的推進力となるべき指導者として出現が期待されるのは、まさにこのような志の高い政治家であることは、いくら強調しても過ぎるということはないだろう（註六）。このような政治家の存在は政治を担当する政権党だけでなく、批判勢力である野党にも要求される。野党は政権担当能力を持たなければならないからである。要するに、必要なのは高いレベルの政治と言ってよい。

これと並んで重要なのが優秀かつ忠実な職業外交官の集団（フォーリン・サーヴィス）としての強力な外務省の存在である。外務省は国の外交活動の中枢として、常時、機動的かつ有効に機能を発揮しうるように組織され、運営されていなければならない。タレーランは、「およそよく統治されている国家には、行政の各部門に備わった独自の精神が存在する。この精神が政務の処理に一体性、均一性およびある種の活力を与えるのだ」と言っている（註七）が、かつて日本外務省が備えていたそのような精神は、遺憾ながら、いま大きく揺らいでいるかに見える。この点については、後節で詳しく述べたい。

次に、外交力の底辺にある世論の力である。優れた政治家は、つまるところ国民の資質の反映であり、民主政治と世論の関係はあらためて論ずるまでもないが、民主外交を支えるのもまた国民であり、世論である。そして、世論形成に最大の力を持つのがメディアであることは言うまでもなく、国際問題に対する世論の関心と理解の程度はメディアに負っていると言っても過言ではない。したがって政府外交当局にとって、メディアの理解を得ることは常に重要な問題であるが、いつの世にも政府とマスコミとが蜜月関係にあるということはあまりないことであり、またあったとすれば、それはむしろ健全、正常とは言い難い場合が多い。マスコミは在野精神を持ち、批判者の立場にたってこそ、その存在理由があるとすら言ってよいからである。

したがって、そのような意味での健全なマスコミ、すなわち世論形成に最大の力を持つものとしての責任の自覚と良識を持ったマスコミの存在自体が外交力の底辺とならなければならないということであろう。要するに外交（foreign affairs）が国民にとって無縁な（foreign）ものではないということが重要なのである。それを国民外交と呼んでよいと考える。

その意味で、外交に関する啓発活動が重要であることは言うまでもないが、同様にNGOなど民間レベルの国際交流活動の活発化と連携も重要である。政府間の関係が政府レベルの《外交》で処理されなければならないのは当然であるが、たとえば、経済、社会、エネルギー、環境、教育、文化その他幅広い人間活動の諸分野においては、政府レベルでは処理しきれないような、また、政府レベルで直接処理することは適当でないような問題のほうがはるかに多いのが現実であろう。このような分野で、民間企業、民間団体あるいは個人が諸国民の間の相互理解、親善増進の上で独自に果たしている役割は過小評価することはできない。その力を最大限に活用できるように有機的なシステムを構築すべきである。

さらに、天安門事件で一躍注目され、湾岸戦争で脚光を浴びた地球規模のリアルタイムの情報伝播・発信の能力を忘れることはできない。今回の同時多発テロ事件でも、CNNをはじめとするテレビ画面に映し出された生々しい実況映像は、視聴者の恐怖と怒りを通じて、世界中の世論形成に絶大な影響を与えた。他方イスラム世界でも、カタールのアラビア語衛星チャンネル「アル・ジャジーラ」の独自の報道ぶりが注目されている。これら衛星放送の影響力は疑いもなく外交力の一環をなしていると考えられる。

それに加えて、インテリジェンス（特殊情報収集能力）の役割を挙げなければならない。もちろんこの能力の中枢には、スパイ衛星、電波傍受などの高度軍事技術がかかわっており、むしろ軍事力の一要素と言うべきであるかもしれない。しかしながら、今回の同時多発テロ発生を許した背景には、近年米国が、いわゆるハイテクのインテリジェンス能力に頼りすぎ、古典的な諜報活動を軽視してきたという事情があったと見る専門家が多い。これは、外交の枠内における情報活動との境界線上にあって、それと相互補完関係にある諜報活動再評価に繋がるものと言えよう。もちろん、せっかくの情報の活用は、政策当局の解釈、判断能力にかかっていることも指摘しておかなければならない。

日本の地位の低下

かつて一九九一年五月、船橋洋一氏は、朝日新聞紙上に発表された「外交力をどう強めるか」と題する論説の冒頭で次のように書いた(註八)。

「湾岸危機・戦争で、だれの目にも明らかになったのが、日本の外交力の弱さである。難民救済も、医師、看護婦の派遣もほとんどできずに、結局は百三十億ドルのカネの面での『貢献』に終わった。いかに素晴らしい憲法を持とうが、これでは『国際社会において、名誉ある地位を占めたい』(日本国憲法前文)という国民の願いはかなえられない」

船橋氏はさらに、「その弱さは構造的弱さと形容した方がよい」と続けたうえで、克服すべき課題として、外圧がなければ動き出さない政策形成の貧弱さ、協調行動を阻むもろもろの壁の存在、過去の「重荷」などを指摘し、このような課題にこたえるための外交力強化策の具体的提言を列挙した。なかでもその第一は、「九〇年代を外交力強化の十年とする」ことであった。船橋氏は、その理由を「高齢化、土地、それに教育といった内政上の大きな課題もあるが、外交だけは世界が待ってはくれない。冷戦後の秩序づくりに向かわねばならないいま、そのタイミングを逸してはならない」と力説している。

奇しくもそれからまさに十年後にあたる今日、《外交力強化の十年》が何と虚ろに耳に響くことか。外交力は強化されるどころか、その後著しく衰退したというのが冷酷な現実である。「政治改革、政党改革、選挙制度改革に外交力強化の視点を入れる」という船橋氏の提言は、日本の政治風土に向かなかったのか、残念ながら、政治の次元で顧みられることはなかった。

その間、国際社会での日本の地位は急降下したと認めざるをえない。現在の日本に一九八〇年代の面影すらないのは、ただ金融破綻やマイナス成長だけが原因ではない。アジアにおいてすら、日本の指導力に対する期待は明らかに減退している。このままで行けば、外交力強化のタイミングを逸したツケは、今後、ますます重くのしかかってくるに違いないのである。

お国のためにという誇り

わけても重大な問題が外務省の現状であることは言うまでもない。十年前、船橋洋一氏は、「外交力強化というと、すぐ外務省がだらしがないからだという声が上がる。外務省にも問題はあるが、もっと根は深い。外交力の強化を外務省の機構いじりの次元に矮小化させてはならない」と書いた。残念ながら、今日、船橋氏はそうは書けないだろう。現在、外交力低下の責任を政治の混迷など他の要因に転嫁することは許されず、地に落ちた外務省の機能と威信の建て直しがすべての前提であることは誰の目にも明らかだからである。

最近明るみに出た不祥事のかずかずは、極めて限られた少数の不心得者による所業であり、外務省員の絶対大多数とは、直接かかわりのないことである。しかし、それでは責任はないかと言えば、ないと言い切ることはできない。このような不祥事は、外務省の士気が低下し、組織がたるんでいたからこそ起こったのであり、組織のたるみは、組織に属する全員（われわれ旧職員も含めて）に相応の責任があると言わざるをえないのである。緩んでいた箍《たが》は、全員の力で締め直さなければならない。

ところで、筆者が外務省を退職したのは、一九九四年十一月一日付であるが、筆者は古巣である外務省の近年について、次のような感想を持っていた。

まず端的に言って、根本に使命感の低下ないし欠如ということがある。そもそも公共の利益に奉仕するという意識を持つことは、すべての公務員にとって必須であるが、特に外交官の使命は、特定の行政分野に限られない綜合的国益に献身することであるから、外交官は常にその意識を持つことが重要である。それは外交官の誇りであり、特権であり、また、清貧に甘んじなければならない外交官にとっての心の拠り所でもある。

東郷文彦元駐米大使は、著書のなかで「自分の信ずるところに従ってお国のためにできるだけのことをやったというところに満足することが最大の報酬なのである」と書いている（註九）。また、『「外国に使いして国を辱めず」という古くからの戒めがある。任務を終える時『あなたは日本の国を代表して、日本の国益を守るために最善を尽くした』と言われることができれば、外交官にとってこれに勝る名誉はない」とは、松永信雄元駐米大使の言葉だ（註一〇）。大なり小なり外交の修羅場をくぐりぬけてきた人たちはみな、同じ誇りを持っているはずである。マックス・ウェーバーではないが、そもそも近代的職業（Beruf）としての外交官が成立するための前提は、《召命感（Beruf）》の存在にあったのではないのか。

カリエールでさえ、三百年前にこう書いて、『外交談判法』の結びとした（註一一）。

「（外交官が立派に任務を果たして）帰国の暁には、その働きに相応した栄誉や特典が与えられ、彼が立派に仕えた主君ないしは国家は、彼の才能と思慮分別を重要国務の運営に活用するだろうということに、かなりの期待をかけてもよい。しかし、もしこうした報奨を得られないとしても、主君と祖国のために委ねられた仕事で、自分の義務を有益に、かつ、誠実な人間（homme de bien）として果たしたという満足感だけでも、彼にとっては、以って心を慰めるに足りるのである」

このように国に奉仕するという使命感と慰めをふたつともに失うとすれば、それは外交官にとって致命的と言わざるをえない。たしかに戦前の若手外交官には、将来、国を背負って立つという意気込みがあった。もちろん、それと裏腹のエリート意識や身の程知らずの大言壮語ということもあったであろう。しかし、彼らには少なくとも書生風な使命感と気概があった。重光外務大臣の秘書官としてミズーリ艦上の敗戦文書署名に立ち会い、戦後、国連大使を務めた加瀬俊一氏は、若かりし頃を振り返って、「私どものときは、自分は大臣になると思っていました。そういうことでしたからね、論争するでしょう。それはおかしいですよ大臣、なんて言っても、ちっとも抵抗ないんですね。そういう調子で部下を使ってくれたんですね。それを本気にして、いつかは外務大臣になるんだからというので、そうなると、仕事にやりがいがあった」と述懐している(註一二)。敗戦、抑留まで佐藤尚武駐ソ大使を補佐し、帰国後、東京裁判で広田弘毅被告の弁護人をつとめた守島伍郎氏は、「外交のために身を挺して苦行に当たることが、明治以来外務省人の伝統であって、我々は学校を出て外務省に入ると、先輩から事あるごとに、この伝統を説示された」と回顧(註一三)して、明治以来の伝統を強調しているが、終戦後もそういう気風はある程度残っていた。しかし今はない。

戦後世代は遥かに現実的である。彼らは天下国家を論じるようなことはなく、国を背負って立つという気概ともほとんど無縁だ。自分たちの流儀で政策論争をしているようにも見受けられない。おそらく国会答弁資料の作成や外国賓客の接遇、政府首脳の外遊ロジ(ロジスティックスの略。後方支援の意)などに完璧を期することで、その精力と時間を使い果たしているのだろう。

働き盛りの若い事務官は、明け方にようやく職場を出、配達されたばかりの朝刊を手に帰宅することも珍しくないと聞いている。上司の命令があれば、どんな仕事でも文句も言わず、黙々とこなす勤勉性、非人間的とも言える勤務環境に耐える忍耐力、縁の下の力持ちに徹する隠忍自重の精神には富んでいるが、使命感などという言葉を聞けば、彼らは唇にシニカルな笑みを浮かべるだけだろう。職業外交官の限界に諦念を持っているからに違いない。

このような意識構造から派生してくる問題の第一はことなかれ主義である。使命感のないところに問題意識はなく、問題意識のないところに、意欲は生まれない。ひとつのポストを失点なく無難に通過することのみに専念するものが多数を占め、進取の気性、積極性、挑戦的姿勢は希少価値となった。下からの突き上げはおろか、イニシアチヴなど期待すべくもない。すべてに受動的、消極的で、無気力。上司もまた部下を叱らない。切磋琢磨ということはまるでない。

それに繋がる次の問題としては、同志的連帯感の欠如がある。使命感を持たない者が同志的連帯感を持たないのは当然かもしれないが、外務省という組織にとっては致命的なことである。外務省は本省と百十二（出張駐在を除く）の在外公館からなる組織であり、五三二〇名（うち本省二〇八四名）の職員は、遠く離れた職場で働かなければならない。そのような組織の手足がバラバラでは、全体としてうまく機能するはずがない。本省は在外公館の末端のことを把握できず、在外公館は本省が何を考えているのかよく分からない。連帯感のないところでは、当然、責任は互いに押し付け合うことになる。

筆者の現役時代、本省との間に満足すべき意思疎通ができていたのは、少数の大公館だけで、大多数の在外大使たちは、程度の差こそあれ、みな本省の注意、関心が足りないというフラストレーションに満ちていた。本省の内部でも事情は大差なく、省員の九割までは、雲の上のことはさっぱり分からない。出しゃばっていると思われると損だから黙っている。したがって、雲の上からも下界はまったく見えない。最近、企業経営の問題点として、透明性の欠如ということがよく言われるが、今の外務省の状況は、不透明、それもほとんど無視界飛行に近いと言ってもよいのではないか。雰囲気は冷たく、血の通ったコミュニケーションはまったくない。

最近の一連の不祥事が生まれるのを許した土壌は、このようなものであったと思う。そして厳しい世論に鞭打たれる今、外務省はいっそう萎縮して、ひたすら耐え忍ぶ苦行者の群れと化したかに見える。

以上の描写は多少誇張し過ぎているかもしれない。古巣の現状を憂うあまり筆に力が入り過ぎたかもしれず、また、しょせん筆者の主観であるから、実体は、筆者が感じていたほどには悪くないかもしれない。また、このような状況はひとり外務省に限るものではなく、最近、日本国全体を覆っている社会現象であるかもしれない。その根源は教育の問題にあるという議論もあるだろう。しかし、《経営破綻》にある外務省の立て直しはまさに、国の生き残りにかかわる緊急の問題なのである。

外務省改革

そのための具体策について、次にいくつか考えを述べてみたい。だが、その前に強調しておきたいのは、すべての改革がその名にふさわしい結果をもたらすには、それが内側からの意思によって、自発的におこなわれる改革でなければならないということである。特に外務省改革を論じる場合、まず《意識の改革》がなければならないということを考えれば、この点は明らかであろう。

しかし問題は、意識をどのように改革するかである。《意識改革》が外務省叩きに終わって、外務省員をますます萎縮させることのみに終われば、結果はむしろ逆効果であろう。《意識改革》は何よりも、外交官の健全な使命感を目覚めさせることを目標にしなければならない。外交官の《特権意識》が問題になっているが、外交官に特権など存在せず、特権もないところに特権意識などありようがない（註一四）。それこそ外交官に対する誤った偏見の産物で、この点にこだわるのは、かえって《意識改革》の焦点をぼかすことになると危惧する。

最近、船橋洋一氏は、「重要なのは、職業外交官の特殊な技能と競争力をいかに向上させるか、外務省の構造とそれを構成する人間をいかに活性化するか、そして二一世紀の日本外交を強化するために、いかに外交システム全体を再構築するかである」として、外務省改革の努力がこの目標に向けられなければならないことを論じておられるが、この論者ならではのまことに核心を衝いた指摘と考える(註一五)。

人事を根本から見直す

実は外交陣の整備が求められているのは日本だけではなく、程度の差こそあれ、アメリカでも同様のようである。ブッシュ共和党政権発足に当たり、ジョージタウン大学のクローグ教授が国務省の士気低下の現状を指摘して、「不毛化し、意気消沈した国務省には、心理的にも、技術的にも、能力的にも、米国にとって国防の第一線をつとめるだけのものに欠けている」としたのは、外務省の現状に対するわれわれの認識に類似した問題意識と言って間違いないであろう(註一六)。さらにクローグ教授は、国務省の能力低下の原因は、時代にそぐわない人事のやり方にあると批判しているが、問題の中心が人にあるというのは、国務省に限らずあらゆる組織に共通する真理である。

日本の外務省も例外ではない。まず、その人事政策を根本的に見直すことが、船橋氏の指摘する職業外交官の能力向上のために是非とも必要と考える。

第一に、新人の採用については、一八九三年以来の伝統ある外交官試験が廃止され、国家公務員上級職採用試験に吸収されたことの是非、功罪は数年経ってみないと結果はでないから、ここでは論じないこととしたい。ただ、外務省が国家有為の人材を集めることに益々苦労しなければならないことだけは間違いがなく、外務省の威信が回復されるまでは、当分の間、その質の低下が避けがたいということは、今回の不祥事のもたらした影響のなかで、もっとも深刻な問題であることを指摘しておきたい。局長級以上の幹部に民間人を登用するという発想は安易で実情に即さないと考えるが、この際、応急の措置として、新しい優秀な血を導入し、一五年後の大使を育成するために、三五歳以下の人材を各方面から広く公募することはできないだろうか。競争の激化は、かならず外務省員の意識と質の向上に繋がるだろう。もちろん外交官が魅力ある職業でなければ優秀な人材を集めることはできない相談であるが（註一七）。

いずれにしても、外交官の養成には訓練と指導が不可欠であり、時間もかかる。外交官は決して放任主義で自然に育つものではなく、ローマの格言にあるとおり、『人は鍛冶をして鍛冶屋になる（Fabricando fit faber）』のであって、外交官として鍛えあげなければ、立派な大使は生まれない。先頃、世界の注目を集めて開かれたアフガニスタン復興開発会議では、議長として采配をふるった緒方貞子政府代表が、まさにその人間的魅力、外交手腕、そしてなかんずく正義への献身というすべての角度から超一流の外交官であることを立証した。将来、この緒方代表に肩を並べるような外交官の層をいかに厚くするかが問題なのである。この将来の外交官の養成こそ、いま外務省が真剣に取り組まなければならない難題である。

さらに、上級試験合格者がよほどのことがないかぎり課長となり、やがて大使への道も開かれるということが最大の弊害を生んでいるという現状を是正しなければならない。外務省の今日の退廃を招いた根本原因は、上級試験合格者が勉強努力を怠って安逸を貪り、省内に不満と閉塞感を張らせたことにあるのは明らかである。この不満と閉塞感をなんとかすることが急務である。そのため、昇進資格試験制度が早急に導入されるべきである。

これはたとえば、課長、ついで局付き参事官への昇進は、資格試験合格者に限定することとし、希望するものは誰でも受験できることによって、人事の平等化を図るものである。また、省内各ポストへの省内公募制度も、職員の士気向上に資するだろう。これらは民間企業では普通に実施され、効果をあげている制度であり、早急に実現されるべきである。これらの措置によって、上級職とそれ以外の職員との垣根をはずし、上級職職員の意欲を刺激しつつ、一般職員の持つ閉塞感を解消させることができれば、外務省の雰囲気は大きく改善するに違いないと考える。

次に、人事の公平と透明性を図るため、外務省内に職員代表からなる人事諮問委員会を設置すべきである。

そもそも外務省職員の人事権が外務大臣に帰一することは言うまでもない（認証官である大使の任免に内閣の承認を要し、局長以上の幹部職員についても閣議了承が必要とされているが、特に重要なポストについて、外務大臣が総理、官房長官に内々了承を求めることはあるとしても、外務大臣の提案がそのまま承認されるのが通常だろう）。

しかしながら、およそ組織というものは、ヒエラルキーに対応する権限移譲と相互信頼関係によってノーマルに機能するものである。したがって、外務大臣の人事権も、事務次官、官房長、人事課長という順を追って移譲されていかなければならないのは当然である。そうでなければたちまち行政停滞を招き、組織は機能しなくなる。従来、筆者の承知している限り、大使を含め、局長級以上の幹部人事は事務次官が決めた上で、大臣の了承を求め、大臣はそのまま了承するというのが通常の姿であった。政治家である大臣は官僚の人事には介入しないという不文律があったからで、政権に対する官僚の忠誠と引き換えに、この不文律は守られるべきであると信じる。

大臣は国務に専念すべきであって、下僚の人事などにかかわっている暇などとてもないはずである。まして特定の政治家が個人的に介入するようなことは、外交を私物化するもので、決して容認されるべきではない。

以上を前提として、外務次官が人事上負う責任は極めて重大であることが分かるであろう。筆者の提唱する人事諮問委員会設置は、人事の公平と透明性を図るとともに、次官に負わされたこの責任を幾分でも軽減しようとするものである。委員会は、対象とする職員の階層に応じて、次官に答申する委員会と官房長に対するものと複数設置してもよい。

委員会は、厳格に非公開の会合において、ポスト公募制による応募者リストを参考としつつ、諮問された各ポストの適任者について討議し、複数の氏名を答申する。次官（または官房長）は、決定に当たっては答申を参考としなければならないが、答申された候補者以外の者を任命することもできるから、その権限自体が侵されることにはならないだろう。この制度はヨーロッパ諸国の外務省には広く現存する制度で、職員に人事への参加意識（sense of participation）を持たせ、有益と考えられているようである。

いずれにしても、人事の根本原則は、信賞必罰と適材適所でなければならない。適材を得るためには選択の幅は広ければ広いほどよいわけで、その意味では、適材があれば、これを広く省外にも求めるのは当然であろう。また、「前例」や「年次」にこだわり、「横並び」を偏重し、「ところてん」や「順送り」に堕することを排すべきである。適材であれば大胆な抜擢をおこなう柔軟性が必要で、「悪平等」は「不平等」より悪いと認識しなければならない。人事権者の責任は、いわゆる「メリハリ」のある人事によって、その指導力を発揮することにあるのである。

大使は外務省の財産

大使は、外務省にとって極めて貴重な財産である。とすれば、貴重な財産は、これを大事に扱い、フルに活用しない法はない。

大使の任用に当たって、候補者を職業外交官に限定する必要はない。できるかぎり選択肢を広くして、そのなかから最適任者を選ぶのが人事の要諦であるという観点から、適任者であれば、政治家、産業人、銀行家、学者、ジャーナリストなどいかなるバックグラウンドの持ち主であるかは、あまり問題ではあるまい。現にこれまでも、職業外交官以外の大使任用は、女性を含め、決して珍しくない。あえて一例だけを挙げれば、原子力発電株式会社技術部長だった今井隆吉氏は、駐アラブ首長国連邦大使に起用され、その後、軍縮委員会代表、駐メキシコ大使などを歴任した。

しかし、大使の仕事は、外国語さえできれば、あるいは外国経験があれば、誰にでもすぐにこなせるというものではないことだけははっきりさせておく必要がある。したがって、実際問題として、本当に適任の候補者が多数外部から得られるかどうかには疑問があると言わざるをえない。また、大使とはいろいろな意味で誰にでも魅力ある職業とはいえないことから、適任者があっても、必ずしも常に任命に応じてもらえるとも限らない。したがって、やはり優秀で忠実な職業外交官を時間をかけて育成することが正攻法であろう（註一八）。

ところで、最近いかに日本の国際的地位が低下しているとはいえ、まだ世界政治経済上の重要問題で、日本の意向を無視して決めうるものはないと言ってよい。その意味で、世界中の国々は、日本との円滑な意思疎通を欲しており、日本経済に問題ありとすれば、ますます、その対応を巡って対話を求めている。その分、外国に常駐する日本の大使への任国からの期待は大きく、その役割も重い。

その意味で、外務省は現地にいる大使をもっと有効に活用しなければならないと考える。高度成長時代、日本の外務省員は《内政オンチ》という批判、反省があり、それ自体としては正しかったのであるが、反動として外務省が内向きになり、在外ポストを軽視する傾向が生まれて、今日に至っている。特に近年、一握りの幹部たちの間に、すべてを自分たちだけで取り仕切っているという意識が強すぎる傾向があり、政治優先、本省重視のあまり、在外大使の役割を軽視する風潮が見られる。その原因のひとつとして考えられるのは、大使の職分が明確でないということである。大使が本来どんな使命を与えられているかが明確でなければ、おのずから大使を重要視することも難しい。そこで、筆者は、第五章で紹介した一九七九年六月一日のフランス大統領令にならって、「大使は、任国において日本国の権威を受託し、政府を代表し、その外交政策実施の任に当たる」という任務と責任を何らかの形で明文化することを提唱したい。その場合、新任大使は国会の外務委員会で所信を述べることを慣例とするのも一案であろう。

これが実現すれば、任国における大使の職分が明確化するに伴って、政府内におけるその地位も確定し、ひいては外交力の一翼を担う大使の力も増すに違いないと考える。政府は、いま以上に在外大使の意見を求め、政策立案の過程に参加させるべきであるし、訓令発出に当たっては、大使の裁量の幅を広げるよう配慮すべきである。本省と在外大使との意思疎通を良くするため、すべての大使に、少なくとも年一回、一五日間程度の連絡協議のための本省出張を大使会議や休暇とは別に認めるべきである。その機会に、大使は本省だけでなく、政界、各省、企業など関係方面との接触を拡げ、また、国内での講演活動などをおこなうこともできる。

これは形式に堕しやすい大使会議よりも遥かに有益であろう。大使会議は、むしろ現地で開催し、大臣はじめ本省幹部が現地を見る機会とした方がよい。こうして本省と在外公館とが一体となって活動する体制がとられ、そういう意識が育って行くことが重要なのである。

いったい、大使は、任地に根を張ってこそはじめて大使らしい仕事ができる。そして根を張るにはある程度時間がかかるのは当然だから、日本でも、大使は一任地に少なくとも三年間は勤務するという原則を確立すべきだと思う。二〇世紀初頭からヴェルサイユ平和会議にかけてフランス外交の黄金時代を築いたバレールは二七年間ローマに、ポール・カンボンは二二年間ロンドンに、コンスタンは十一年間コンスタンティノープルに、そしてジュール・カンボンは七年間ベルリンに、それぞれ大使として根を張った。その頃、彼らの大使としての権威は、任地においても本国に対しても、並びないものがあったようである。

外交官生命をその国に賭ける

もちろん、今は時代が違い、このような長期駐在は可能でも適当でもないだろう。しかし、日本大使の在任期間が短いことは昔から国際的に定評があり、おおいに改善の余地があることだけはたしかである。「日本の大使は昨日着任したと思ったら、もう離任準備に忙しい」などと噂されるようなことは甚だしく問題である。

交代の激しい日本の総理大臣のことを《回転ドアー総理》などと蔭口を叩かれたことがあるが、そうであればますます、現地駐在の大使は外交の継続性維持のため、相当の期間を務めあげるべきだ。猫の目のように大使を代えることは、接受国に軽視されているという印象を与え、失礼であり、外交的に大きなマイナスである。どうせすぐ代わってしまう大使なら、接受国がどうして大事にしてくれようか。なぜ日本の大使の任期が短いかということについては、納得のいく説明を聞いたことはないが、数多くの任地に短期間ずつ務めさせるより、少ない数の任地をみっちり務めさせるべきである。たとえ不健康地であっても、勤務条件を改善して、一ヵ所に五年、十年とじっくり腰を落ち着け、外交官生命をその国との関係に捧げるくらいの大使がたまにはあってもよいのではないか。

それに関連して、在外公館長の勤務評価の問題がある。もともと人事権者が遠隔地に勤務する在外公館員の勤務評価に公正と客観性を保たせることは、決して容易な問題ではないが、短期間の在任でどうして評価が可能だろうか。彼がいかに日本国の代表として任国で認知され、そのために彼がいかに努力しているかを本省に検証してもらうべく、すべての大使は、少なくとも三年に一回は査察を受ける義務と権利を有することとすべきであると思う。

顧問団の設置を

査察は、在外公館の厳正な規律保持、外務省に対する信用回復のために、抜本的に強化拡充する必要がある。査察は、全公館に少なくとも三年に一回はおこなうべきであるが、一回の査察には十分時間をかけなければならない。ワシントンのような大公館なら一ヵ月は必要だし、平均二、三週間はかけるべきである。これならほとんど抜き打ち査察と同じ効果が期待できるだろう。三、四日の査察ではしょせんおざなりに終わってしまう。

他方、大使館の査察には、大使館の業務に通暁していることが必要であるから、原則として大使経験者によっておこなわれるべきである。そのため、外務省顧問制度を拡充して、この目的に応用することは考えられないだろうか。現在、外務省顧問は事務次官経験者に限定されているが、これに加えて、経験に富み、人格識見ともに優れると認められる若干名の元大使からなる顧問団(無給、定年七二〜七三歳)を置くこととしてはどうか。その主要目的は、査察と大使の勤務評定に置かれるので、顧問となる者は、年に二回、それぞれ約二ヵ月間くらいの査察出張に耐えうる健康と気力の持ち主でなければならない。査察補佐官にはしかるべき外部の有資格者を入れることも必要である。

外務省に数々の公金横領事件が起こったのは、その会計管理がずさんだったからである。その意味での対策は、なによりも会計手続きと監査を厳正にして不正のおこなわれる余地が生じないようにすることでなければならない。不正事件が起こったから外交経費を減らすという考え方はあまりにも短絡的で、エモーショナルと言わざるをえない。

他方、現状においてさえ、全公館に会計専門官が配置されているわけではないので、不慣れな会計担当官が複雑な会計手続きに音を上げているという現実があることも無視してはならない。このような状況に対処するため、定年退職した会計専門家のなかから適任者を厳選して、巡回会計監査諮問団を構成し、外部監査とは独自に、会計指導と内部監査をおこなうこととしてはどうか。その直接の目的は、会計指導と、言うまでもなく不祥事発生の防止であるが、こうして国家公務員法に抵触しない範囲で外務省ＯＢからの奉仕的協力を組織化することには、外務省に内部からの改革の気運をつくり、外務省の人員不足をささやかながら補うとともに、現役職員とＯＢの別なく、外交というひとつの使命を共有する連帯感を作り出す上でも、効果が期待できるのではないかと考える。

条約局の改編

組織は人で動くものであるから、機構には人事政策ほどの重要性はない。さらに言えば、理想的な機構というものは存在せず、何度機構を改革しても、その度に問題点は残らざるをえない。行政需要の変化は、法律改正に追いつけないというところに法令によって縛られる官庁機構の難しさがあり、法律の範囲内で、必要に応じて随時調整できる柔軟性を与える工夫が必要と考える。

外務省改革の機構面については、以上の一般論のほか、二、三の私見を述べるにとどめたい。

その第一は、条約局の改編にある。現在外務省には、政策・情報担当の綜合外交政策局と国際情報局、地域担当のアジア大洋州局、北米局など、そしてさらに機能局として、経済局、経済協力局、条約局などがあり、それぞれの重要性を持つことは言うまでもない。そのうち条約局は、条約、協定、交換公文などすべての国際取り決め、締結を所掌するので、外務省内に限らず、行政府全体のなかで隠然たる力を持つ部局である。この条約局を廃止するということは、すでに船橋氏が前掲の十年前の論説中で提言しておられ、当時まだ現役だった筆者は同感するところが多かったが、もっともプレスティージの高い条約局を廃止するということは、外務省自身の発想からはなかなか出てこないところであった。外務省内でいかに条約局が重きをなしてきたかは、歴代の事務次官のほとんどが条約局長経験者であることを見れば一目瞭然であろう。

言うまでもなく、これまで条約局はそれなりの使命を果たしてきた。しかし、条約局の役割は、よくサッカーのゴールキーパーにたとえられるとおり、あくまでも防禦である。彼がボールを後ろに逸らせば、直ちに失点となる。したがって、鉄壁の防御を期するために、条約局にはもっとも優秀な職員が配置された。その結果、彼らは水も漏らさぬ防御の達人となったかもしれないが、敵のゴール前にボールを運んで強烈なシュートを見舞う攻撃の名手となる訓練は積んでこなかった。国会で言質をとられない答弁術には長《た》けていても、新しい発想で外交に新機軸をもたらす才覚をみがくことはなかった。船橋氏が指摘するように、「外交に想像力を取り戻す」うえでの障害だったと言えるかもしれない。

そこで、経験豊かな国際法学者、元裁判官など数人を法律顧問として迎え、そのスタッフとしても、外務省の事務官を半減して、その代わりにやはり民間から若手の法律専門家を招聘し、随時タスク・フォースを組んで問題に取り組むという仕組みは考えられないだろうか。それによって、より《攻撃的な》部局への人員の重点配置を可能にし、外務省の保守的性格脱却を狙うことができれば一石二鳥と考える。

国の生き方、人間の生き方

第二は、領事移住部の危機管理局への格上げである。国民と直接かかわりの薄い外務省の仕事のなかで、唯一、一般国民との接点を持つのは、邦人保護をはじめとする領事の分野である。外交業務が国民のためのものであることを具体的に体現しているのが邦人援護だと言いかえてもよい。普通、大使館と言っても、実際にどんなことをやっているのかさっぱりイメージが湧かないという人でも、たぶん思い浮かべることができるのは領事部の窓口ではないだろうか。銀行の窓口業務がその銀行のイメージを決めるのとまったく同様である。

アレクシス・ジョンソン米大使は、領事の業務を円滑に進めるうえで重要なことは、「ノー」という代わりに、可能なときはいつでも反射的に「イエス」と答えることだと、領事部スタッフに伝えるよう心掛けたと書いている（註一九）。

ところが領事事務のこのような重要性は、外務省で十分認知されていなかったきらいがある。だいぶ以前のことになるが、筆者の知っているある大使館で、ある大使は在任中一度も領事部に足を運んだことはなかったと領事部員から聞かされ、唖然としたことがあった。

海外への出国者数が千八百万人（二〇〇〇年実績）、海外在留者数が八十万人（同年）に達する今日、邦人援護件数は年間一万四千件、援護人数も一万六千人にのぼっている。援護の内容は病気、旅券の紛失から盗難、事故、精神障害、犯罪行為まで千差万別でも、相手が生身の人間であることに変わりはなく、しかも、しばしば生死の問題でさえあるので、担当者の苦心は筆舌に尽くし難い。近くは、ハワイ沖での「えひめ丸」事件が思い出されるし、ニューヨーク、ワシントンでの同時多発テロ惨事の記憶は生々しい。もちろん批判もあろうが、さいわい、概して邦人保護担当者の対応ぶりは悪くないようで、被援護者やその家族から数多く感謝状も寄せられていると聞いている。

以上述べた邦人援護の延長線上にあるのが危機管理能力の問題である。二〇〇一年九月の同時多発テロは、まさに常人の想像をはるかに超える周到、巧妙、大胆かつ不条理な暴力行為で、ブッシュ大統領は、これを単なるテロ行為ではなく、戦争行為であると定義したが、このことは、世界がまったく新しい時代に入りつつあることを意味していると言ってよい。

このような、これまで経験したことのない未知の国際社会においては、国の生き方も、人間の生き方も従来の物差しで測ることができないほど変わってくるだろう。とすれば、これにいかに柔軟に対応するかは重要な検討課題であるが、検討すべき対策のなかには、わが国自身のインテリジェンス能力の向上も含まれなければならないだろう。それに伴って、外務省、在外公館の情報収集能力とその危機管理能力を強化する必要があることは言うまでもない。

すでにテロ、地域紛争などの緊急事態としては、一九八九年の天安門事件による在留邦人引き揚げ、一九九六年末にペルーで発生した日本大使公邸占拠事件などが記憶に新しいが、このほかにも、ザイール、アルジェリアなど、日本企業や邦人の退避オペレーションは近年急増しており、九〇年代の十年間だけでも五三件にのぼっていたという事実はあまり知られていない。しかし、このような事実が決して見過ごされてよいはずはないのである。

以上によって、外務省改革は、つまるところ外務省活性化であることが理解されると考える。目的はあくまでも外交業務の強化充実であり、決してその縮少ではないことを確認しなければならない。

さらにあえて附言すれば、外務省は、予算の不正使用を国民に対して率直に陳謝するとともに、外交予算の拡充に対して国民の理解を求めるよう最大限の努力をしなければならない。予算がなければ外交はできない。外交は無償ではない。厳正な会計管理を前提条件に、外交予算拡充に対して国民の理解を求めることは、平常に戻った外務省が大臣を先頭にまずやらなければならないことであると考える（註二〇）。

外交力増強の出発点

残るのは政策面である。強化された外交力をどこに向けるかを決定するのは政策であるから、その重要性は言うまでもない。しかし、外交政策そのものを論じるのは本書の目的ではないので、二、三の点のみを手短に強調するにとどめておきたい。

第一は、すみやかに集団的自衛権の問題をすっきりさせることが日米関係の将来、ひいては日本の安全保障自体にとって不可欠ということである。日米関係は日本外交の基軸であるとか、日米同盟は世界最強の二国間関係であるとか、観念論を口で唱えるのはやさしいが、問題はその実体であり、現状のまま推移すれば、日米関係は空洞化し、日本の安全保障に重大な支障を生ずる惧《おそ》れがあるからである。

第二は、第一点との兼ね合いにおいて、世界の勢力バランスに対する現実的な展望を持つことである。今後の世界情勢の推移にとって、もっとも決定的な影響を持つファクターは中国の動向であろう。もちろん、朝鮮半島情勢は日本に直接の影響を与えるし、他方、アフガン問題の成り行きいかんで、世界が《文明の衝突》的状況に立ちいたる危険は無視できないものがある。特に多数のイスラム人口をかかえる東南アジア諸国の不安定化は、日本にとって重大な問題である。

日本は、このような展望において、外交に一層の自主性を持ち、特にアジア外交にイニシアチヴをとっていかなければならない。その場合、根底に日本の国益という視点がなければならないことは言うまでもない。台湾問題を例にとれば、それが民主主義と自由というわが国にとってもっとも基本的な国益の保持にいかにかかわってくるかという観点から対応を判断すべきで、同一民族間の問題という間違った認識から、香港同様、いつか大陸に《収斂《しゅうれん》》されるだろうなどという軽率で安易な見通しを述べたりすることは、外務大臣の発言としてあってはならないところである。

北方領土問題については、四島に対する日本の領土権主張を時に応じて再確認しつつ、その返還実現については、ロシアの政府および世論に返還こそが彼らの利益であることを認識させるまで、いつまでも辛抱強く交渉するという忍耐強い対応が必要である。これは、北朝鮮との関係正常化にも当てはまることであるが、およそ外交交渉では、要求する側（demandeur）が常に弱い立場に立つという鉄則を忘れてはならない。日本の国益と相手の追求する利益の大きさとを常に秤にかけつつ、どちらが強い立場にあるかを判断していかなければならない。

以上、いずれも説明に贅言《ぜいげん》は要しないことばかりであるが、重要なのは、日本の安全が米国の核抑止力に頼るだけでなく、足りない外交力を米国の外交力の蔭にかくれて補ってきたような時代から速やかに脱却しなければならないということである。外交力増強の出発点は、自主的で積極的な外交姿勢と言いかえてもよいのである。

むすび

世界は、二〇世紀に三つの大戦争を経験した。第一次、第二次の世界大戦と東西冷戦の三つである。そして世界は、これらの大戦争の結果、プロイセン覇権主義、ナチズム、ファシズム、日本軍国主義、共産主義という全体主義の挑戦に勝利を収め、その世界制覇の野望を挫《くじ》いてきた。もちろんそれは大きな犠牲を伴うものであった。第一次大戦、第二次大戦では、戦場に送られた無名の兵士たちが銃火の犠牲となり、後に残った多くの老若男女も命を失った。アウシュヴィッツやダッハウでは六百万の民族絶滅が図られた。ドレスデンや、東京や、広島・長崎では無辜《むこ》の民間人の無差別大量虐殺が平然としておこなわれた。町は焼かれ、田畑は荒らされ、家族は別れ別れになった。家を失い、廃墟を彷徨《さまよ》う人々には、食べ物も着るものもなかった。何という悲劇、何という高価な犠牲だったことか……。しかし、その破壊の灰燼のなかで自由は救われたのである。

こうして全体主義の怪物に打ち勝ったのは、自由に対する人間の飽くなき渇望と人格の尊厳に対する誇りであったと思う。

同じように、四五年にわたる共産主義との厳しく長い冷戦に遂に勝つことができたのも、米国の核抑止力に支えられた米・欧、米・日の同盟関係がものを言ったことはいうまでもない。その指導原理はやはり民主主義の正義であった。

筆者は、一九八〇年代末、東西の接点にあるウイーンに勤務していたが、すでに鉄のカーテン内部の動揺を窺わせる情報はあったものの、西側専門家たちの観測はほぼ一致していた。「東ヨーロッパの国民は、物質的生活条件がまずまず我慢できるところまで向上した（事実、その頃プラハやブダペストの住民は、サラリーマン階級でも郊外で週末を過ごすための小さなセカンド・ハウスを持つことすらできた）ので、現状に満足し、もはやかってのハンガリー事件やプラハの春のように独立や自由を求めて危険を冒す起爆力は持ち合わせていない」というのがおおかたの意見だった。

あとから考えると、自由を抑圧された人たちに対する何という冒瀆的な無理解であったことか。彼らは立ち上がり、みごとに軛《くさび》を打ち壊して自由を獲得したのである。ベルリンの壁は崩れ、文字どおり鉄のカーテンは消滅した。ドイツのコール首相は、不可能とすら思われていた東西ドイツ再統一を実現させた。この東欧の解放とドイツ統一ほど、二〇世紀の歴史のなかで感動的な出来事はない。それは、物質的な価値の基準を遥かに超える人間精神の高さを物語るものだったからである。

二〇世紀の歴史を振り返るとき、語り継がれなければならないのは、戦争の恐怖ではない。新しい世代に語り継がなければならないのは、全体主義による圧制の暗黒と悲惨でなければならない。われわれは、狂気の圧制に打ち勝った二〇世紀の輝かしい勝利にこそ学ばなければならない。

東西冷戦を遂にオープン・ウォーとすることなく勝利に導いたのが外交の力であったことを記憶しなければならない。そして、新しい世紀に人間性を護ることが外交の使命であることに、あらためて思いを致さなければならないと思う。

カント哲学に傾倒するというドイツのヘルムート・シュミット元首相は、「政治とは道徳的な目的のための実践的行為である」とその外交回想録（註一）に記している。ここで「政治」は、そのまま「外交」と読み替えることができるだろう。外交は、紛争、戦争を予防し、理性の支配を確保するという道徳的目的のための実践的行為だからである。そしてその行為は、しばしば汀《なぎさ》の砂に字を書くようなものであるかもしれない。しかし消されても、消されてもなお書き続けるのが、外交官の仕事なのである。

註

第一章

（註一）オウィディウス（中村善也訳）『変身物語』上　岩波文庫　二八三頁
（註二）カエサル（近山金次訳）『ガリア戦記』岩波文庫　一二五頁
（註三）騎士の時代ともいうべき中世においては、兜の前立て、鎧の肩、胸などにつける標識具としての紋章が広く普及したので、紋章学が発達し、紋章官という専門家も誕生した。この紋章官は、戦場における紋章の識別を任務とするだけでなく、その専門知識によって、一種の外交官の役割も果たしたと言われる（樺山紘一『西洋学事始』日本評論社）。
（註四）記録をとることが重要であったというのは、ローマ時代からあったようで、カエサルは遠征中、馬の上からの口述を筆記できる修練を積んだ奴隷を常に連れて歩き、馬に乗って手紙の文句を口授したという（『プルタルコス英雄伝』下　ちくま学芸文庫　一九五頁）。
（註五）ハロルド・ニコルソン（斎藤真・深谷満雄訳）『外交』東京大学出版会　一八頁　ニコルソンは、英国の外交官、下院議員。女流作家ヴィタ・サックヴィル・ウエストと結婚したが、彼女はヴァージニア・ウルフと同性愛関係にあり、ウルフの代表作『オルランド』のモデルとなったことでも有名。
（註六）Sir Ernest Satow『A Guide to Diplomatic Practice』David McKay Company
（註七）フランソア・ド・カリエール（坂野正高訳）『外交談判法』岩波文庫　一六一頁
（註八）それより以前に、ルイ十一世、シャルル八世に仕えたコミーヌ（François de Commynes）の存在が知られているが、彼は王の政治・外交顧問であり、権限のある職務にはなかったようである。

(註九) J・H・エリオット(藤田一成訳)『スペイン帝国の興亡 1469―1716』岩波書店

(註一〇) ポール・フォール(赤井彰訳)『ルネサンス』文庫クセジュ 一二六頁

(註一一) アンリ・ラペール(染田秀藤訳)『カール五世』文庫クセジュ 一八頁

(註一二) ニコルソン 前掲書 一二三頁

(註一三) Voltaire『Le Siècle de Louis XIV』Classiques Garnier

(註一四) Philippe Erlanger『Louis XIV』Fayard

(註一四) 牧野伸顕「回顧録」上 中公文庫 一二九頁

(註一五) 近年、このような正規の任命手続きを経ることなく、便宜的に『大使』の名称を用いることが普通におこなわれるようになった。この場合は、ウイーン条約上の『使節団の長』ではなく、あくまでも便宜的通称に過ぎないが、特命全権大使の通称も同じ『大使』だから、大変紛らわしく、本来、望ましいことではない。外国に駐在することなく、本国から随時特命を帯びて派遣される無任所大使(Ambassador at large)もある。他方、館長でない館員に『公使』の肩書きを使用させることは、日本を含め今日広くおこなわれているが、フランスでは、たとえば『公使参事官』と称するなど、『特命全権公使』との混同を注意深く避けている。

(註一六) 特命全権大使という古臭い名称を嫌ったかつてのソヴィエト・ロシア革命政府は、外国に派遣する使節を大使とは呼ばず、『全権代表』と呼んだ時期があった。近くは、リビア社会主義人民共和国が派遣する使節は、しばらくの間、『人民委員』と呼ばれていた。しかし、クレムリンを代表する使節が『大使』と任命されるまでに、そして長い時間はかからなかった。クレムリンは、それがいかなる名前で呼ばれようとも、一般国際法及び外交慣例に沿って、今日彼が執行することを期待され、かつ、許される職務の内容に、いかなる変化もありえないことをさとったからである。

（註一七）ニコルソン　前掲書　二三二頁

（註一八）第一次大戦後の国際連盟、第二次大戦後の国際連合ならびに関連する諸国際機関の創設は、国際関係に安定的秩序を与える上で、画期的役割を果たしたことは言うまでもない。また、あらゆる分野での重要な多国間交渉、多国間会議が過去における回数とは比較にならない頻度で開かれるという現象も、現代的特徴である。その結果として、近代外交が多国間外交という新しいディメンションをもつこととなったという事実は、特筆されなければならない。ここからまた、多国間外交を専門とする外交官の新しいタイプも生まれることになった。

（註一九）外交活動の分野における女性の進出も近代外交の大きな特質である。ちなみに、女性大使の第一号は、一九一八年から二〇年までスイスの駐ハンガリー大使だったシュヴィムメル夫人ということになっている（一九九八年九月九日付ル・モンド紙）ようであるが、今日では、女性大使はまったく珍しいことではなくなった。なお、フランス語では、従来、女性大使には女性形を使わず、「Madame l'ambassadeur」と呼んで、大使夫人（Madame l'ambassadrice）と区別してきたが、近年、男女同権の見地から女性形を使うべしとの議論があって、多少の混乱が生じている。またテーブルの席順についても、女性大使を男性の右隣とするか、または男性大使なみに扱うべきかについても意見が分かれるようである。

第二章

（註一）ロジェ・カイヨワ（塚崎幹夫訳）『蛸』中央公論社　一三四頁、一四二頁

（註二）ピエール・ギロー（中村栄子訳）『言葉遊び』文庫クセジュ

（註三）フランコ・サケッティ（杉浦明平訳）『ルネッサンス巷談集』岩波文庫

（註四）ロジェ・カイヨワ（三好郁朗訳）『幻想のさなかに』法政大学出版局　五〇頁

（註五）平川祐弘『ルネサンスの詩』講談社学術文庫　一四九頁
（註六）チャールス・ヘンリー・ウィルソン（堀越孝一訳）『オランダ共和国』平凡社　一九一頁
（註七）フローベール（伊吹武彦訳）『ボヴァリー夫人』上　岩波文庫　七二頁
（註八）『メリー・ウィドー』ＣＤグラマフォン（渡辺護訳）
（註九）『群像』一九八〇年四月号
（註一〇）永井荷風『ふらんす物語』新潮文庫
（註一一）マルセル・プルースト（井上究一郎訳）『失われた時を求めて』２「花咲く乙女たちのかげに」筑摩書房
（註一二）プルースト　前掲書　６「ソドムとゴモラ」
（註一三）同　８「囚われの女」
（註一四）オスカー・ワイルド（厨川圭子訳）『理想の結婚』角川文庫
（註一五）Robert Musil『L'homme sans qualité』tome 1, traduit par Philippe Jaccottet, Edition du Seuil
（註一六）シュテファン・ツワイク（高橋禎二・秋山英夫訳）『ジョゼフ・フーシェ』岩波文庫　一四頁
（註一七）金子光晴『ねむれ巴里』中公文庫　一三四頁　なお、芳沢謙吉は、一九三〇年から二年足らず駐仏大使としてパリに在任したが、佐藤尚武は、一九二七年から三〇年まで国際連盟帝国事務局長としてパリにいた。したがって、この二人がともにパリにいたのは一九三〇年の短い期間だけだった。
（註一八）マルグリット・デュラス（田中倫郎訳）『インディア・ソング』河出文庫　一三七頁
（註一九）ウィリアム・キンソルヴィング（大澤晶訳）『外交官の娘』上　講談社文庫　三八頁以下
（註二〇）マイケル・ハートランド（佐和誠訳）『裏切りへの七歩』早川書房

(註二一) ディック・フランシス（菊池光訳）『帰還』早川書房
(註二二) クリスチャン・ジャック（山田浩之訳）『太陽の王 ラムセス』角川文庫
(註二三) 手塚治虫『マグマ大使』1、2　秋田文庫
(註二四) 石原慎太郎『弟』幻冬舎　なお、引用した部分は、「後になって日本で聞かされた」「目に見えるような話」と断られているが、たまたま当時カイロの大使館に勤務中で、問題のパーティの現場にいた筆者の記憶は次の通りである。すなわち、石原裕次郎氏一行は公邸に到着、在留邦人たちが集まっているサロンの奥に、大使夫妻と並んで位置についた。ついで大使が一行を紹介したが、そのとき大使が「これが石原裕次郎さんです」と言ったのが裕次郎氏の気分を害したようであった。この場合、大使は「こちらが」と言うべきであったが、大使の意識のなかで、「これは」は、英語の「This is 」であって、「かの高名な」を含意していた。しかし通常、日本人には、「これは」がそのように受け取られないことに気がつかなかったということは、外交官の陥りやすいミスである。気分を害したらしい裕次郎氏は、二十分くらいで切り上げて退席したので、集まった邦人たちをがっかりさせたが、裕次郎氏がその場で、年長者に向かって下品な悪態をつくという非常識をおかすことはなかった。
(註二五) 日本経済新聞一九九七年八月二二日付夕刊

第三章

(註一) イグナス・レップ（本多正昭訳）『心の底にあるもの』川島書店
(註二) 芳賀徹「オールコックの大君の都」外交フォーラム　一九九三年一月号
(註三) スタンダール（吉川逸治訳）『イタリア絵画史』人文書院　二一四頁
(註四) ガストン・バシュラール（小浜俊郎、桜木泰行訳）『水と夢』国文社　一三頁

(註五) ニコルソン前掲書　三七頁　なお、ディック・フランシスの小説『帰還』には、主人公であるイギリスの青年外交官が外交官の定義としてこの警句をとくとくと引用してみせる場面があるが、外交官自身、特にイギリスの外交官自身がこの警句を引用するのは、自らを「嘘つき」と自己否定することにほかならず、ありえないことである。誤って俗耳に入りやすい警句がもたらす危険の見本というべきだろう。

(註六) ルイジ・バルジーニ（浅井康範訳）『ヨーロッパ人』みすず書房

(註七) H. Nicolson『Journal des Années Tragiques』Traduit de l'Anglais Grasset

(註八) レジーヌ・ペルヌー（福本秀子訳）『王妃アリエノール・ダキテーヌ』パピルス

(註九) Sir Ernest Satow　前掲書　参考に該当個所の原文を次に掲げておく。

Diplomacy is the application of intelligence and tact to the conduct of official relations between the governments of independent states…

(註一〇) 芳賀徹「林董の後は昔の記」外交フォーラム　一九九三年九月号

(註一一) フランツ・オリビエ・ジスベール（宝利尚一、草場安子訳）『大統領ミッテラン』読売新聞社

第四章

(註一) How should you govern Any kingdom That know not how to use Ambassadors? Shakespeare; King Henry VI

(註二) 中曽根康弘「私の履歴書」28　日本経済新聞一九九二年一月二九日付

(註三) 清沢洌『外政家としての大久保利通』中公文庫

(註四) W・S・チャーチル（佐藤亮一訳）『第二次世界大戦』1　河出文庫　一八一頁

(註五) 霞関会『劇的外交』成田書房　一〇三頁

（註六）東郷茂徳は、『時代の一面』（中公文庫）のなかで、「海外から電報で意見を上申することは極めて安易であって、在外大使が常に採る方法であり、事態に合致せぬことでも電報すればいいとの悪風習がある」と大使の安易な意見具申を批判している（二七四頁）。これは、東京で軍部を相手に日米交渉に苦心していた東郷外務大臣にとって、在外大使が赴任前の協議では同意しておきながら、「海外に踏み出した上で先方の要求を鵜呑みにしようとするのは」「男らしくない」と映っていたことを示しており、当時東郷の置かれた特殊な立場の反映と考えられる。

（註七）読売新聞二〇〇一年十月二五日付「論点」欄

（註八）チャーチル前掲書　2　三六四頁

（註九）ニクソン政権時代にキャリア外交官の最高ポスト、国務次官を務めたアレクシス・ジョンソン（Alexis Johnson 1908–1997）は、ホワイトハウスから送られてくる政治任命大使候補の審査に当たった次官当時の経験を次のとおり綴っている（『ジョンソン米大使の日本回想』増田弘訳　草思社　一三六頁）。

「この候補者たちの多くについて驚いたのは、率直に言えば、ビジネスで莫大な財産を築いたにせよ、彼らはひどく愚鈍だということであった。何人かの候補者などは、妻、家、馬、厩舎、召使、庭、趣味のよいインテリアなどの写真を貼ったアルバムを抱えてやってきて、自分はしかるべき暮らし方を知っているのだ、だから海外に出てもアメリカの面目を傷つけることはないと証明しようとした。もちろんこの種のタイプの人々は居心地がよくて楽しみの多い大使のポストを望んだ。彼らの外交政策に関する意見は、写真ほど興味深くはなかった」「政治的に任命された大使のうち何人かは十分にその能力を発揮してくれた。しかし大使館の仕事に関心がなく、部下に仕事を任せ娯楽に興じてばかりいる者もあった。また手を出した問題をことごとく紛糾させてしまう者もいた」

（註一〇）大使の政治任命は、アメリカだけの現象ではない。一九八一年に社会党のミッテラン大統領が誕生すると、フランスでも社会党系人物の大使任命がおこなわれたが、その任地は、イタリア、米国、セイシェル、オランダ、デンマーク、スペイン、チュニジアなど、勤務環境が良く、米国を除いては、難しい問題のない国ばかりが選ばれた。日本でも、サンフランシスコ条約発効後の新大使人事において、吉田首相が民間人を大使として起用したが、そのポストは、米国、アルゼンチン、ブラジル、フランス、ベルギーなどで、いずれも《食事のおいしい》国であった。

(註一一) Bernard Destremau『Quai d'Orsay, derrière la façade』Plon 二〇四頁

第五章

(註一) Nous avions, enfin, un rôle de représentation: c'est à peu près le seul qui nous reste, à condition de le remplir. Roger Peyrefitte『Les Ambassades』

(註二) ジョゼフ・C・グルー(石川欣一訳)『滞日十年』毎日新聞社 二五頁 なお、池井優『駐日アメリカ大使』(文春新書)には、一九六〇年代はじめの五年間日本に駐在したライシャワー米大使の日常が紹介されているが、戦後の大使の生態にも変化がないことが窺われる。

(註三)「昼寝の習慣のあるローマでのこと。午後の二時半にフランス大使公邸のベルを鳴らした訪問者があった。執事が『大使はおやすみ中です』と言うと、それを聞きつけた大使が階段の上から大声で言った。『大使は休憩はするが眠ることはないよ』と」Destremau 前掲書 四一頁

(註四) 池井優 前掲書 八頁

(註五) フランス大統領令の原文は次のとおり、

L'Ambassadeur est dépositaire de l'autorité de l'Etat dans le pays où il est accrédité. Il est chargé, sous l'autorité du ministre des affaires étrangères, de la mise en œuvre dans ce pays de la politique extérieure de la France. Il représente le Président de la République, le Gouvernement et chacun des ministres. Il informe le Gouvernement, négocie au nom de l'Etat, veille au développement des relations de la France avec le pays accréditaire, assure la protection des intérêts de l'Etat et celle des ressortissants français.

(註六) カリエール　前掲書　二六八頁

(註七)『千畝』(諏訪澄、篠輝久監訳　清水書院)の著者ヒレル・レビンは、ソ連によるバルト三国併合前夜の一九三九年、ナチの手を逃れるユダヤ人に通過査証を出し続けたリトアニアの在カウナス杉原千畝領事代理の任務は、査証発給という領事事務だったのか、それとも国境地帯における独ソ両軍の動きを報告する諜報活動だったのかという疑問を提起している。しかし、杉原が情報入手のためにいかなる手段を用いたかは別として、一九四〇年の時点において、ドイツのソ連侵攻の可能性を念頭に独ソ両軍の動きを報告することは、在カウナス領事の通常の職務の範囲内であり、それをもって、杉原領事が情報エージェントだったと考えるのは早計である。なお、合法的情報活動と諜報活動とのグレー・ゾーンのケースは、特に政治体制の異なる国の場合に微妙で、冷戦時代には、日本大使館の防衛駐在官が軍事機密を非合法に入手しようとしたとして、国外退去を求められたこともある。また最近では、非合法手段での入手が問題となる情報として、軍事情報のほかに、産業機密も注目されている。

(註八) 大使館情報は、新聞特派員情報や商社情報にくらべて遅いとか、大雑把だとか非難されることがある。もちろん、情報は迅速、精密であるに越したことはないが、大使館情報は、政府の政策判断に資することを目的としているので、政府をミスリードするような情報を送ってはならないという大前提がある。そのため一分一秒を争うより正確を期するという面があるのは確かである。また情報の性質としても、現象的なものよりは、傾向的なものに向けられるのは、商社や新聞特派員の関心と微妙に異なるところかもしれない。

(註九) カリエール 前掲書 四七頁、一八〇頁。なお、新任大使が入城式のためにいったん城外に出たというのは、ローマ時代に凱旋式をおこなう将軍がローマ城外に留まることになっていたということと何かの関連があるかもしれず、いずれにしても、新任大使が今でも必ず任国差し回しの乗り物で送迎されるという慣例の起源は、相当古いものと思われる。

(註一〇)『メッテルニヒの回想録』(安斎和雄監訳) 恒文社 七四頁 なお、その《確信》にもかかわらず、オーストリア、フランス関係は決裂し、一八〇九年、メッテルニッヒ大使はパリを去った。

(註一一) グルー 前掲書 一九頁

(註一二) 清国の初代駐日公使何如璋の着任は一八八七年であるが、その到着および信任状提出の様子は、張偉雄『文人外交官の明治日本』(柏書房) 第一部第三章に詳しい。清国外交官は日本の皇室の宮中儀礼の簡素さに驚いている。

(註一三) 佐藤尚武『回顧八十年』時事通信社 八〇頁、二九五頁

(註一四) 霞関会『劇的外交』二三九頁

(註一五) カリエール 前掲書 八〇頁 カリエールはまた、大使の心得として次のように述べている。「大使は、いわば、大切な役割を演ずるために、舞台の上で公衆の目の前に身をさらしている俳優である。彼は職務上、君主を代表する権限を有し、他国の君主と特別の交際関係にあるので、このことが彼を、自身の個人的身分より高く持ち上げて、地上の支配者たちといわば対等にする。従ってこの職務にふさわしい威厳を保つことができなければ、大根役者扱いされるより他はない」

(註一六) ポール・クローデル (奈良道子訳)『外交書簡 一九二一—二七』草思社 二〇七頁

(註一七) 萩原延寿『遠い崖——アーネスト・サトー日記抄』3 朝日新聞社 二七六頁

(註一八) ライシャワー大使は、在日中、全国四六都道府県をくまなく訪れようと考えていたが、結局、五年間に三九まで実行したので、「打率は八割五分」に達したという。(池井 優 前掲書 九八頁)

第六章

(註一) C・グルー 前掲書 三四四頁 なお、ロサンゼルス・タイムズ紙ハリー・パーカー記者は、『外人の見た日本の横顔』(日本旅行協会 一九三五年) のなかで、次のように証言している。「東京の合衆国大使ジョゼフ・クラーク・グルー氏は、日本人間に評判すこぶるよろしく、在留米人間にも然り。氏一流の如才なさが物を言うのだ。しょっちゅう大使館にいろいろの会を催し、各方面の日本人を招くように心がけている」

(註二) アーネスト・サトーの『一外交官の見た明治維新』には、若年の通訳官サトーがその日本語力を生かして、幕府の役人だけでなく、薩摩の西郷、大久保、長州の桂、伊藤など明治日本の指導者となる各藩の新進気鋭たちと深い交流を持った様子が窺われ、極めて興味深い。なお、サトーは、「私は外国奉行の面々につぎつぎと招待され、日本式の食事をご馳走になった」と記しているが、「ずいぶん質素な暮らしをしている」幕府の役人たちがサトーを自宅に招待し、妻女とともにもてなしている様子には実にいじらしいものがある。(下巻 五頁)

(註三) 一八八七年、東京に清国公使館が開設されると、「公使館に交際を求めに来る者多く」そのなかには時の参議伊藤博文、海軍卿榎本武揚、陸軍卿大山巌をはじめ、多くの漢学者があったという (張偉雄 前掲書 一九〇頁)。

(註四) ニコルソン 前掲書 一九二頁

(註五) 牧野伸顕『回顧録』上 中公文庫 三一一頁 なお、『回顧録』二四七頁には、当時「社交界に進出することが外交官の主な仕事」だったが、「これには金がいるので」「大名華族の裕福者を海外使臣に任命することがおこなわれたが」「金が掛かるので、留守居から苦情が出た」とあり、「海外使臣の交際費を増額する必要がある」と書いている。

（註六）霞ヶ関会会報　一九九〇年二月号

（註七）カリエールは、社交の必要について次のように書いている（前掲書　二八頁）。

「この職業に伴う威厳を保つためには」「物惜しみせず、気前を見せなければならない」「たとえば、馬や従僕や馬車などに金をかけなければならない。食卓はござっぱりとしつらえ、食べ物は豊富に用意し、珍味も並べなければならない。また、任国の宮廷の主だった人たちを招いて宴会や余興をたびたび催さなければならない。もし来てくれそうならば、君主も招かなければならない。君主が催す余興の集まりにも、如才なく入り込むように努めなければならない」

（註八）佐藤尚武　前掲書　二九七頁、三〇七頁

（註九）キリキアの陣中に初めてアントニウスを訪れたクレオパトラは、早速、彼を食事に招待し、その翌日、アントニウスが返礼の宴を開いた。しかし、その双方でアントニウスは打ち負かされた。プルタルコスによれば、「クレオパトラの美は決して比類のないというもの」ではなかったが、「非ギリシャの諸民族の言語まで通訳なしで話す彼女の会話は、多くの絃のある楽器のように甘美さが漂い」、「彼女との交際には逃れようのない魅力」があったといわれる（『プルタルコス英雄伝』下　三七四頁）。これで見ると、アントニウスをクレオパトラの虜としたのは、彼女の美貌よりも、むしろその社交術であった。

（註一〇）公邸料理人の仕事は、メニュー作りから、材料の仕入れ、下拵え、料理、盛り付けと一切を一人で切り盛りしなければならないので、苦労も大きいが、その反面、そのすべてを勉強できるというメリットも小さくはないようである。そのせいか、日本の大使公邸料理人経験者からは、多くの優れたシェフが

輩出している。なかでも、帝国ホテル料理顧問の村上信夫氏は、一九五五年から、のちにパリに移るまで、駐ベルギー武内大使の《一番シェフ》を務めた公邸料理人の先駆者だった（「私の履歴書」二〇〇一年八月一九日付け日本経済新聞）。東京のオテル・ド・ミクニ主人三国清三氏は、一九七〇年代半ば、ジュネーヴで公邸料理人を経験されたので、当時ジュネーヴに在勤した筆者は、修業時代の氏の料理を知るひとりである。なお、一九八〇年代末にハノイの日本大使公邸料理人だった西村満氏は、ヴェトナムでの公邸料理人の特異な経験を『大使閣下の料理人』（近代文芸社）として出版し、同書はさらにコミック（講談社モーニングKC）ともなっている。

（註一一）ジョンソン　前掲書　二〇四頁

（註一二）西川恵『エリゼ宮の食卓』新潮社　七頁

（註一三）Jöol Normand『La Ve République aux Fourneaux』La Table Ronde

（註一四）西川恵　前掲書　八九頁

（註一五）L'Express 誌　一九九八年一月一日号

（註一六）佐藤尚武　前掲書　四五九頁　なお、私事にわたってまことに恐縮であるが、終戦後間もない筆者の旧制高校生時代、東京渋谷の焼け跡に建てた仮住まいの数軒先に参議院に立候補される前後の佐藤大使が引越してこられた。外務省で佐藤大使の二年後輩にあたる亡父は病気療養中だったが、夫人と亡母とはよく気があったので、しょっちゅう家にも遊びに来られた。夫人は朗らかで、きさくで、いたって庶民的な方だったが、その佐藤夫人が《請け日》まで持って社交に励まれたのだということは、もちろん知る由もなく想像もできなかった。なお『回顧八十年』は、一九六三年に出版されたが、残念ながら筆者がはじめてそれを手にすることができたのは、はるか後、一九九四年に駐仏大使の任を終えてからであった。

（註一七）大使館の館内融和に果たす大使夫人の役割は、相撲部屋で弟子たちの健康や精神状態にまで気を配る親方夫人の役割に似たところがあると思うことがある。しかし実は例外的に、館内融和の障碍となっている大使夫人がいることも付記しておかなければならない。それは多くの場合、自分が偉くなったような気になっている愚かな女である。一九六〇年代に、あるフランスの大使夫人が本国から来訪した国会議員に館員夫人たちを紹介する際、「うちの使用人たちです」と言ったので大問題になったということが、いまだにフランス外務省界隈で語り草となっているが、館員や館員夫人たちを私的な使用人のように扱う大使夫人が日本でも皆無とは言えない。私事で恐縮であるが、昔、亡父がある大使館の一等書記官だった頃、母は、大使夫人の夜会服のデコルテの背中に白粉をはたくのが役目だったという話を聞いた。一九二〇年代では当たり前のことだったろう。しかし、今でもそれに近いことがあるとすれば困ったことである。しかも、このような場合、夫である大使自身が、妻が館内融和を乱していることに一向に気がついていないことが多い。在外公館の査察の意味はこういうところにもあるのである。

第七章

(註一) ニコルソン　前掲書　一〇〇頁

(註二) カリエールは、交渉家たる者は、ヨーロッパの政治情勢、ヨーロッパ各国の主要な利害関係、諸国の政府の形態、支配者の性格などをよく研究しなければならないとし、特にウェストファリア条約(一六四八年)以降の諸条約を勉強し、近代史を注意深く研究すべきであると説いている。カリエールはまた、「任国の歴史を知り、研究するとよい。機会があれば、君主や宮廷の有力者にその祖先や彼ら自身のお手柄について話すことができる。これをやれば、彼らから好かれることは間違いない」と書いている。これは現代にもそのまま通じる有益な助言である。日本文化に造詣の深いフランスのシラク大統領が日本史の史実についての正確な知識を披瀝して日本の政治家をたじたじとさせるのは、よく知られた話である。

(註三) 外交官は、スペシャリストたるべきか、あるいはゼネラリストたるべきかという問題が提起されることがある。答えは、ゼネラリストでありながら、スペシャリストと対話できる知識と理解力を持ち、要すれば、スペシャリストを使いこなす能力を持つということであると考える。クレマンソーは、二〇世紀初頭のフランスを代表する二人の政治家アリスティッド・ブリアンとポワンカレを比較して、「ブリアンは何も知らない。しかし何でも理解する。ポワンカレは何でも知っている。しかし何も理解しない」と言ったという。(Destremau 前掲書 二四頁)

(註四) ニコルソン 前掲書 一二〇頁

(註五) カリエール 前掲書 一九頁、一一五頁

(註六) Ernest Satow 前掲書 九一頁

(註七) Jules Cambon『Le Diplomate』Hachette, 1926

(註八) Eloge de M. le Comte Reinhart prononcé à l'Académie des Sciences Morales et Politiques, par M. le P. de Talleyrand, dans la séance du 3 mars 1838

(註九) Harold Nicolson『Diplomacy』の Institute for the Study of Diplomacy 版に寄せられた序文

(註一〇) 諸外国には、一般論として日本社会における交際費の使い方の乱脈さに眉をひそめる向きが多いことは、いま一度思い起こしておいてよいと考える。彼らは外務省の事件を日本社会の縮図ないし氷山の一角と見なしている。

(註一一) カリエール 前掲書 三〇頁

(註一二) ニコルソン 前掲書 一一九頁

(註一三) カリエール 前掲書 一二九頁、八六頁

(註一四) ジョン・ワイツ(久保田誠一訳)『ヒトラーの外交官』サイマル出版会 一二八頁

（註一五）東郷茂徳『時代の一面』中公文庫　三五〇頁

（註一六）しかしながら、カリエールは前掲書（七三頁）で、「服従には限界がある。命令されても、神と正義との法に反する行為はしてはならない」としている。たとえ訓令でも、国際法と正義に反するならば、執行しなくともよいということである。この場合、カリエールの時代でも現代でも（民主主義国家では考えられないことだが）、訓令にそむいた外交官はおそらく国内法に照らして処罰の対象とならざるをえず、その外交官は、たぶん亡命の道を選ぶほかないだろう。もっとも、タレーランほどの怪物となると、ナポレオンとの世界戦略に対する見方を異にした頃の彼は、「ナポレオンのためは、もはやフランスのためならず」と嘯《うそぶ》いて、平然と訓令を無視したという。

（註一七）ニコルソン　前掲書　九五頁、一〇七頁

（註一八）カリエール　前掲書　一一二頁

（註一九）ニコルソン　前掲書　四三頁、一一一頁

（註二〇）ジョンソン　前掲書　一一三頁

（註二一）ジャン・オリユー（宮澤泰訳）『タレラン伝』上　藤原書店　四三七頁

（註二二）カリエール　前掲書　三三頁

（註二三）ワイツ　前掲書　一二八頁　三宅喜二郎によれば、吉田首相は、「外交官の基本的心得の一般論として、……特に英国のような保守的な国においては、……特に目立つような言動、奇激な言動をすることは慎むべきものとされた」という（『劇的外交』六四頁）。その意味で、筆者は個人的には、茶会でもあればともかく、日本の大使が紋付はかまで公式の場に出て人目を引くのは賛成でない。

（註二四）ジュール・カンボン　前掲書　一二三頁　ジュールの兄でフランスの駐英大使だったポール・カンボンは、「法廷弁論をやってはいけない。交渉をするのだ。法律家と雄弁家ほど危険なものはない。彼

らは、黙って耳を傾けるべきときに、雄弁を振るう誘惑にかられる」と言ったという(Destremau　前掲書　八一頁)。雄弁家は、とかく自分の雄弁に酔う傾向があるだけに、弁が立ち過ぎるのは危険だとも言える。カリエールは、「大使の雄弁は、聖職者や弁護士とは大いにちがうものである」として、その談話は「思慮分別に満ちた」ものであるべきだとしている(前掲書　一四七頁)。アーネスト・サトーも、『外交官への助言』において、「話すより聴け(to listen, not to talk)」と助言した(前掲書　九六頁)。

(註二五) カリエール　前掲書　一一頁

(註二六) ニコルソン　前掲書　一一五頁

(註二七) 日本経済新聞二〇〇一年十月七日付「春秋」欄

(註二八) Destremau　前掲書　一二頁

(註二九) カリエール　前掲書　二七頁

(註三〇) 杉村陽太郎『国際外交録』中央公論社　四二三頁

(註三一) 日本経済新聞二〇〇一年十月三十日付夕方「夢はしぶとい」

(註三二) 蛇足であるが、いまどき外交官の要件として、門地、財産を必要と考える人はまさかあるまいと思うし、容姿端麗が必要でないことは、実例を見れば明らかだろう。しかし、一九〇二年から二四年までフランスの駐米大使をつとめたジュール・ジュスランはこう言ったという。「大使は、美男で、できればユリウス・カエサルのような禿げ頭が望ましい」。頭髪の希少価値が心配な御同輩にとって、耳よりな話ではないか。(Destremau　前掲書　三七頁)

(註三三) J・ホイジンガ(高橋英夫訳)『ホモ・ルーデンス』中央公論社　二二〇頁

(註三四) 現代の外交で、遊戯という観念に結びつくかもしれないと思われるのは、多国間の会議外交である。日本の代表団にはそれだけの余裕はないが、諸外国の代表たちのなかには、フィネスをかけて相手の切り札を吐き出させたり、勝負どころでスペードのエースを切ったりと、ブリッジのゲームでも楽しむかのように、会議を楽しんでいる人たちがいる。

(註三五) 村井章介『東アジア往還——漢詩と外交』朝日新聞社

(註三六) ついでに、外交官でもあったが、それ以上はるかに、文筆家として名高い人たちの一群について、ここで一言触れておきたい。

一八世紀フランスの哲学者ジャン・ジャック・ルソーは、駐ヴェネチア大使館の一等書記官を務めた。文人、物理学者、政治家として有名なベンジャミン・フランクリン (Benjamin Franklin 1706–1790) は、一八世紀末フランスに巡遣され、独立戦争でフランスの支援を得るために大きな貢献をした。また彼はアメリカの駐英大使を五年間務めた。シャトーブリアン (Chateaubriand 1768–1848) は、正規の外交官としてではないが、ナポレオンの命を受けて外交交渉に携わった。フランスの高踏派詩人ラマルチーヌ (Alphonse de Lamartine 1769–1869) は国会での雄弁を認められて、トスカーナ大公への使節に任命されたのち、外務大臣にもなった。『赤と黒』や『パルムの僧院』の作家、スタンダールがトリエステ、ついでチヴィタ＝ヴェッキア駐在の領事として、一八三〇年から一二年間勤務したことはよく知られている。

しかし何と言っても、もっとも光彩を放っているのは、駐日フランス大使、ポール・クローデル (Paul Claudel 1868–1955) であろう。彼は、代表作『繻子の靴』の原稿を関東大震災で焼失するという不幸に見舞われながら、この傑作を東京在任中に完成させた。ちょうどその頃、フランス外務省の次官には、サン・ジョン・ペルス (Saint-John Perse 1887–1975) がいた。一九六〇年のノーベル賞作家であるこの詩人の実名は Alexis Saint-Léger といい、駐日大使クローデルの外交書簡は、ほとんどサン・レジェ次官に宛てられている。一九二〇年代におけるアングロサクソンの中国市場進出を眼前にしたクローデルが、インドシナのフランス権益保護と日本の大陸政策の間に存在する利益の共通性に着目して、政府に日仏提携を強く進言したとき、フランスの対日政策に関して、この二人の二〇世紀最高の象徴派詩人の間で意見が交換されていたことを思うと、感動的ですらある。クローデルは、駐日大使から駐米大使に転じ、その後駐ベルギー大使も務めたが、今でも日仏関係史を語るときに決して忘れることのできない名前である。ちょうど同じ頃、イタリアやルーマニアに駐在する外交官だったポール・モーラン（Paul Morand 1888–1976）は、国際色豊かな小説『夜ひらく』や、『夜とざす』などの作家として、その名を馳せた。それと並んで、ジャン・ジロードゥー（Jean Giraudoux 1882–1944）を忘れてはならない。『トロア戦争は起こらなかったらう』などで有名なこの劇作家、詩人は、一九一〇年から三十年間フランス外務省に籍を置く外交官として、ドイツやアメリカで活躍した。このほか、大正から昭和初年にかけて長らく神戸駐在の領事をつとめたポルトガルの文人ヴェンセズラウ・デ・モラエス（Wenceslau de Moraes 1854–1929）がいる。彼はラフカディオ・ハーン（小泉八雲）と相前後して来朝し、八雲と同様日本女性を妻として日本を愛し、領事の職務のかたわら日本の事物について書き続け、文人として名を残した。

第八章

（註一）ニコルソン　前掲書　六五頁

（註二）クラウゼヴィッツ（篠田英雄訳）『戦争論』上　岩波文庫　一四頁

（註三）クラウゼヴィッツ　前掲書　一一九頁

（註四）萩原延寿『遠い崖――アーネスト・サトー日記抄』3によれば、一八六五年十一月、九隻の連合艦隊を率いて兵庫沖に停泊し、条約の勅許と兵庫開港などを迫った英国公使パークスは、三週間にわたる交渉の末、ついに要求受諾の回答を得たとき、司令長官キングの祝辞に応えて、「提督、要するにあなたのおかげですよ。あなたとあなたのすばらしい軍艦がなければ、われわれは幕府になんの感銘もあたえることはできなかったでしょう」と述べた(一二七頁)。
(註五) ジョンソン 前掲書 三〇〇頁
(註六) 吉田茂『世界と日本』番町書房 三頁、一一九頁
(註七) オリユー 前掲書上 四二九頁
(註八) 朝日新聞 一九九一年五月一日、八日、一五日付「経済地球儀」欄 なお、この論説には、「外交力は政治力。政党政治のもとでは、それは党を動かす力。もうひとつは大衆化、情報化の時代にあって、国民に訴える力だ」という中曽根元首相の言葉が引用されている。
(註九) 東郷文彦『日米外交三十年』中公文庫
(註一〇)「私の履歴書」日本経済新聞 二〇〇一年二月一日付
(註一一) カリエール 前掲書 一五九頁
(註一二)『加瀬大使に聞く』鹿島平和研究所
(註一三) 守島康彦編『昭和の動乱と守島伍郎の生涯』葦書房 九四頁
(註一四) 国際法上、《特権免除》と言われているものは、大使公邸、大使館事務所、外交文書などの不可侵権など、主権国家に与えられるものがある。このほか、外交官の身体に対する不可侵権があり、外交官は任国政府の刑事(民事は含まない)裁判権を免除されるので、外交官が任国で犯罪を犯した場合は、原則としては国外退去を要求され、その外交官は派遣国に帰ってから訴追される。そのほか、外交官に対する査証免除があるが、査証相互免除適用があれば意味がない。外交旅券所有者に通常認められる入国、通関の簡易手続きは、権利ではない。また、外交官は任国でガソリン、酒、煙草、自家用車の無税通関を認められる。しかし自動車については、離任に際し売却すれば税込みである。《外交特権》というべきものはこのほかにはない。

（註一五）『Japan's place in the world』Asahi Shimbun English Edition, 11 Sept. 2001

　この記事のなかで船橋氏は、日本外務省は、この際、国内の支持基盤の脆弱性を強く反省しなければならないとして、「外務省は困ったときに頼るべき友を持たない」と言っておられるのは、まったくそのとおりで、傾聴しなければならない。外務省は、外交を外務省だけの専管事項と考えず、外務省OB、理解者、民間国際交流団体など外交を幅広く側面、底辺から支える勢力と一体となってトータルに外交に取り組むという気構えを持つことが必要である。

（註一六）Peter F. Krogh『It's time to fix the U. S. Foreign Service』International Herald Tribune 20/21 Jan. 2001　なお、二〇〇一年九月一日付同紙によれば、アメリカ国務省はここ十年来減り続けていた外交官試験応募者数が今年増加に転じ、次年度試験への応募者は二万三千五百人に達したと発表した。その原因の詮索はしばらく措いて、これは、間違いなく国務省にとっての一大朗報であろう。

（註一七）船橋洋一氏が提唱されるように、英語が公用語として採用されるといった画期的な変革が生じない限り、日本の現在の風土では、採用後のオン・ザ・ジョブ・トレーニングだけで一人前の外交官を養成するには足りないことは明らかである。筆者がひそかに夢見るのは、《外交官養成学校》の設立である。この学校は高校課程三年、大学課程四年、博士課程二年から成り、全国から毎年百名内外を選抜して英才教育をおこなうものである。高校課程のうち一年間は、英語国での留学に充てる。会話力だけは、知能が発達する前に自然に身につける必要があるからである。外国語は、英語のほか、フランス語、ドイツ語、スペイン語、ロシア語のうちのひとつまたはふたつを学習させ、さらに上級者には、アラビア語、スワヒリ語、中国語のいずれかを必修とする。特に力点を置くのは一般教養で、歴史に親しみ、東西の古典を学ばせる。大学課程では、有名大学への委託制（原則としては法学部または経済学部など人文系であるが、例外的に自然科学を専攻するものがあってもよい）とするが、別途外交官に必要な研修は続けさせる。大学課程を修了した者は、外務省のほか、他官庁や企業への就職を選択することもできる。彼らに対する外務省以外からの採用希望も決して少なくないだろう。その際、外務省が必要とする人数の採用予定者を決定し、半年間の実務研修（他官庁、地方公共団体、私企業での研修も含む）を経たのち、原則として外国で博士課程を続けさせる。これだけの基礎教育を経たうえで外務省に本採用されるのは、二七、八歳の頃と思われるが、それで諸外国外務省の新人たちとほぼ同じスタート台に並ぶことができると思われる。

（註一八）この問題に関するニコルソンの説は次のとおりである（前掲書　七一頁）。

「素人外交官は信頼性に欠ける憾《うら》みがある。それはただ単に彼らの知識、経験の不足が政府に不利益をもたらすというだけではない。素人外交官は、虚栄心から、或いは、在職年限が短いために、とかく功を焦りやすい。また自信のなさから、疑い深くなりすぎる傾向がある。かと思うと、過度に熱中したり、思いつきにとらわれたりする。そして長い外交官生活の所産である人間的で寛容な不信感を体得していないので、確信、同情にとらわれ、衝動にかられやすい。素人外交官は、また、外交上の形式に対する軽蔑（それはもっともではあるが）や慣例に対する苛立ちを持ちながら着任するかもしれない。そしておおいに善意を表わしたいと思いながら、人の感情を傷つけるかもしれない。また彼らの報告や電報には、事実についての注意深く、分別あるバランス・シートを本国政府に提供するよりも、自己の鋭敏さと文学的才気を披瀝したいという願望の方が強く出ているかもしれない」

（註一九）ジョンソン　前掲書　一〇五頁

かつてリトアニアのカナウスにあった日本領事館の領事代理杉原千畝が、一九四〇年七月から八月にかけて、ユダヤ難民に対する二千百三十九通の査証に署名し続けたのは、まさに杉原の人道的精神から出る本然的な「イエス」だったに違いない。

一九五五年頃の霙まじりの雨の降りしきるある日曜日の午後、ハーグ郊外の筆者の家の呼び鈴を鳴らす人があった。日本人の旅行者であった。取り立てて用件はなく、電話帳で住所を見つけて尋ねてみたということだった。久しぶりに日本人の顔を見たいということだったかもしれない。しかし、ぬくぬくと非番の日曜日を楽しんでいた筆者は、用があれば翌日大使館にきてほしい、と言ってアドレスを渡し、彼は傘をさして、再び霙まじりの雨のなかに出ていった。なぜ、そのとき部屋に通してお茶のひとつも出さなかったのか。「反射的イエス」の精神が欠けていたからである。このことはいまだに、筆者にとっては心の傷になっている。同じ頃、同じオランダ大使館で領事・通商関係を担当していた川村泰男さんという人がいた。この人の夫人はドイツ人、しかもまだ日本へ行ったこともない人だったが、彼女は大使館に訪ねてきた日本人は必ず自宅に招き、何はなくとも白いご飯と味噌汁でもてなした。日本レストランなどない時代のことである。それから二十年もたって川村さんがウイーンの大使館の文化広報センター所長だった頃、もう日本語も達者になって、日本事情にも詳しい川村夫人は、毎日曜日、かならずセンターのカウンターに座って来館者の質問や問い合わせに答えた。彼女は、あるとき、休館日の日曜にセンターのドアを押し、閉まっているので虚しく立ち去ってゆく人を見て、矢も盾もたまらず、日曜奉仕を思い立ったということだった。この人には、他人が失望するのを傍観できないというヒューマニズムが溢れていたのだろう。来館者に接する大使館員、領事館員の心得は、このドイツ婦人の精神に学ぶことであると思う。

(註二〇) 日本外交にとって必要不可欠な道具(ツール)としての政府開発援助(ODA)についても、従来とられてきたいわゆる《要請主義》を捨て、国益に沿った外交的考慮に基づいて実施することとしなければ、とうてい国民の理解は得られないであろう。

むすび

(註一) ヘルムート・シュミット(永井清彦ほか訳)『ドイツ人と隣人たち』岩波書店 一一七頁

後記

本書は、専門家のためではなく、あくまでも一般読者のための読み物として書かれた《外交官論》のひとつの試みである。すでに外交官論の古典としては、

François de Callière; De la manière de négocier avec les souverains. Paris, Michel Brunet, 1716（坂野正高訳『外交談判法』岩波文庫）

Sir Ernest Satow; A Guide to Diplomatic Practice. 1917

Jules Cambon; Le Diplomate, Paris, Hachette, 1925

Sir Harold Nicolson; Diplomacy, 1939（斎藤真・深谷満雄訳『外交』東京大学出版会）

などが知られており、いずれも外交官必携の書とされてきた。《外交官論》ではないが、外交官が遺した数多くの回想録や外交史が外交官論を含んでいるのはもちろんである。

最近刊行されたものとしては、Piere-Jean Rémy; Trésors et Secret du Quay d'Orsay, JC Lattès, 2001がある。

ところで、これらの外交官論に共通するのは、著者がすべて外交官だったということである。

ジュール・カンボンは、その著書の冒頭で、「外交官の仕事ほど多面的な職業はほかに知らない。明確な法則の代わりにこれほど慣習に富み、成功するためにこれほど根気を必要とし、しかも偶然に支配され、これほど厳格な規律への服従を必要としながら、しかも個性と独立の精神を要求される職業はほかに知らない」と書いている。ここに、古典的な外交官論の著者がすべて外交官であった理由がある。外交官という職業が一般の人にとって理解しやすいものでないだけに、それを少しでも身近なものにしたいということが彼らをして筆をとらしめた動機であったろう。とすれば、外交官を職業とした筆者が、大先達たちの驥尾《きび》に付して、この動機を共有したことも、枉《ま》げて許しを得られるかと思う。特に日本外交官によって書かれた「外交官論」がないことは筆者の気になるところであった。執筆に当たり、随所で筆者の勉強不足を痛感せざるをえなかったのは、なんともいたし難いところであった。識者のご叱正をもとに、後日の補完を期したい。

ともあれ、こうした筆者の念願が、文藝春秋の明察を得て形をなす運びとなったのは、まさに一期の幸運というほかはなく、心から感謝する次第である。特に本書の実現は新書出版局の東眞史氏のご尽力に負うところ多大であった。また、出版部の西山嘉樹氏のご理解とお励ましには心から御礼申し上げる。本書の書名は同氏の命名によるものである。

なお、本書を執筆するに際しては、本文中に註記したもの以外にも、数多くの著作から教えを受け、お蔭を蒙った。学術書ではないという本書の性質上、あえて文献目録は作成しなかったが、ここにその旨を記して、謝意に替えさせていただきたい。
最後に、筆者の外交官稼業を支えた妻洋子に感謝する。

二〇〇一年一二月

矢田部厚彦

矢田部厚彦（やたべ　あつひこ）

1929年生まれ。1952年外務省に入り、駐ヴェトナム、オーストリア、ベルギー、フランス各大使を経て、1994年退官。主要著書に『核兵器不拡散条約論――核の選択をめぐって』（有信堂 1971年）、『宰相ミシェル・ド・ロピタルの生涯――あるルネサンス政治家と良心の自由』（読売新聞社　1985年）、『贋十日物語――遍歴綺譚』（筆名・綾部克人　スリーエーネットワーク　1994年）、『ヴェトナムの時』（スリーエーネットワーク　1995年）、『東西遊記』（鳥影社　2001年）などがある。

現住所　東京都杉並区和田1-36-3

文春新書

235

職業《しょくぎょう》としての外交官《がいこうかん》

平成14年3月20日　第1刷発行

著　者　矢田部厚彦
発行者　東　眞史
発行所　株式会社　文藝春秋

〒102-8008　東京都千代田区紀尾井町3-23
電話（03）3265-1211（代表）

印刷所　理想社
付物印刷　大日本印刷
製本所　大口製本

定価はカバーに表示してあります。
万一、落丁・乱丁の場合は送料小社負担でお取替え致します。

©Yatabe Atsuhiko 2002 Printed in Japan
ISBN4-16-660235-7

文春新書３月の新刊

矢島　稔
蝶を育てるアリ
——わが昆虫フィールドノート
ホタル、トンボ、カマキリ、蜂、アメンボ……里山にすむ虫たちの驚嘆すべき生きる知恵。本書は50年を超える生態調査の集大成である
232

大野敏明
日本語と韓国語
数多い共通語、同じ文法、似た言いまわし——が物語る古代からの密接な関係。それらの言の葉の来歴を肩のこらない文章で説き明かす
233

白石和良
取るに足らぬ中国噺
同じ漢字を使うためよく「相互誤解」に陥る中国語と日本語。硬軟とりまぜ両語にまつわる素朴にして執拗な疑問解明に挑む。豆辞典付
234

矢田部厚彦
職業としての外交官
外交とは、外交官とは何か？　一歩判断を誤れば、たちまち国の存立を脅かすことになる〝水面下の職業〟にたずさわる人たちの素顔
235

一坂太郎
高杉晋作
「維新のヒーロー」ともて囃される晋作も、一人の苦悩する青年であった——。豊富な史料を駆使しつつ、晋作の内面に迫る本格評伝
236

江波戸哲夫
成果主義を超える
目標管理制度、社内公募制度、早期退職制度など今や企業も日本的経営も大きく変わってゆく中で、一体あなたはどうすればよいのか
237

文藝春秋刊